SCHÄFFER
POESCHEL

Markus Reiter

Eschede und danach

**Erfahrungen aus der Arbeit des Ombuds-
mannes der Deutschen Bahn**

2005
Schäffer-Poeschel Verlag Stuttgart

Über den Autor:

Markus Reiter, Diplom-Politologe, war Reporter
und stellvertretender Chefredakteur von *Reader's
Digest Deutschland* sowie Feuilletonredakteur
der *Frankfurter Allgemeinen Zeitung.*
Er ist Chefredakteur der WortFreunde
Kommunikation GmbH in Stuttgart.

Bibliografische Information Der Deutschen Bibliothek
Die Deutsche Bibliothek verzeichnet diese
Publikation in der Deutschen Nationalbibliografie;
detaillierte bibliografische Daten sind im Internet über
<http://dnb.ddb.de> abrufbar.

Gedruckt auf säure- und chlorfreiem,
alterungsbeständigem Papier.

ISBN 3-7910-2406-X

© 2005 Schäffer-Poeschel Verlag
für Wirtschaft · Steuern · Recht GmbH
www.schaeffer-poeschel.de
info@schaeffer-poeschel.de

Einbandgestaltung: Willy Löffelhardt
Satz: Marianne Wagner
Druck und Bindung: C.H. Beck, Nördlingen
Printed in Germany
Februar/2005

Schäffer-Poeschel Verlag Stuttgart
Ein Tochterunternehmen der Verlagsgruppe Handelsblatt

Inhaltsverzeichnis

Vorwort

Markus Reiter hat aufgrund von Interviews Abschnitte aus der Arbeit des Ombudsmanns nach dem ICE-Unglück von Eschede aufgezeigt und dessen Erfahrungen zusammengefasst. Sie sollen nach der gesamten Darstellung durch den Autor dazu dienen, bei dem Einsatz eines Ombudsmannes in der Zukunft Fehler zu vermeiden, Schwachstellen zu erkennen und positive Erfahrungen schneller umzusetzen. Dies ist insbesondere aus der Sicht des Ombudsmannes, der auf solche Erfahrungen nicht aufbauen konnte, im Interesse einer möglichst guten Betreuung der Opfer eines Unglückes zu begrüßen.

Für die Arbeit eines schon früher diskutierten, aber erstmals von der Deutschen Bahn AG vollzogenen Bestellung eines Ombudsmannes als neutralem Ansprechpartner für die vom Unglück Betroffenen, also die Verletzten, Angehörigen und Hinterbliebenen, gab es überhaupt noch keine Erfahrungen. Der Ombudsmann betrat mit seinen Aufgaben sowohl gegenüber den Betroffenen als auch gegenüber der Deutschen Bahn AG ebenso Neuland, wie sich die Betroffenen und die Deutsche Bahn AG im Kontakt und im Umgang mit dem Ombudsmann auf keine Berichte aus früheren Unglücken stützen konnten.

Ein Fazit ist: Ein Ombudsmann, der nicht nur Moderator oder Schiedsmann bei der Feststellung der Höhe der finanziellen Entschädigung in strittigen Einzelfällen sein darf, vielmehr Aufgaben und eigene Zuständigkeiten vor allem im Rahmen der Organisation der psychologischen Betreuung und psychosozialen Nachbetreuung haben muss, kann wesentliche Hilfen bieten.

Das Buch zeigt aber auch Grenzen auf, die dem Wirken eines Ombudsmannes gesetzt sind. Es muss vermieden werden, durch die Bestellung eines Ombudsmannes falsche Hoffnungen vor allem für die Opfer des Unglücks zu wecken. Er kann das Unglück nicht ungeschehen machen, nicht die Trauer über den Verlust eines geliebten Angehörigen, nicht die körperlichen und seelischen großen Schmerzen der Verletzten nehmen. Es ist ihm aber möglich, psychologische Behandlungen, Betreuungen und psychosoziale Nachbetreuung zu organisieren, um die Verletzten und ihre Angehörigen sowie die Hinterbliebenen bei ihrer Verarbeitung des Traumas zu unterstützen.

Er ist in der Lage, Grundsätze über die finanzielle Entschädigung materieller und immaterieller Schäden zu vereinbaren. Die Schwierigkeiten, die sich im Einzelfall aus der rechtlich erforderlichen Feststellung und Bewertung der materiellen Schäden ergeben können, vermag er zwar in vielen, nicht aber in allen Fällen aufzulösen. Er kann aber helfen, Lösungen zu finden.

Das Zugunglück von Eschede hatte leider nicht nur im Hinblick auf die große Zahl der zu betreuenden Verletzten und Hinterbliebenen eine viel größere Dimension als Zugunglücke, die sich jemals zuvor in Deutschland ereignet hatten. Vor allem betraf das Unglück Opfer, deren Wohnorte über ganz Deutschland verstreut waren. Dies brachte zusätzliche Schwierigkeiten bei den vielen erforderlichen ersten Hilfen und der späteren Betreuung der Betroffenen und erforderte nach Art und Umfang entsprechende Maßnahmen.

Nur ein Beispiel sei hier genannt: Hätte der Ombudsmann – und auch das zeigt seine Grenzen auf – alle mehr als 150 Schwerverletzten und die 103 Familien der Hinterbliebenen selbst aufgesucht, hätte dies schon mehr als ein Jahr in Anspruch genommen. Gerade im ersten Jahr nach dem Unglück hatte der Ombudsmann seine Arbeit zu organisieren, die grundsätzlichen Entschädigungen vorzubereiten und zu erwirken sowie in vielen Einzelfällen schnelle Hilfen sicherzustellen. Er musste sich deshalb mit dem wiederholten Angebot an alle begnügen, jederzeit bei Bedarf für den persönlichen Kontakt zur Verfügung zu stehen. Neben den zahlreichen telefonischen Kontakten fanden sich jedoch bei vielen Gelegenheiten – so auch bei Gedenktagen – Gesprächsmöglichkeiten.

Eine solche Arbeit kann ein Ombudsmann nicht allein leisten. Er braucht das Vertrauen der Betroffenen sowie das ihrer Familien. Ich möchte allen danken, die es mir entgegengebracht haben. Die bewunderungswürdige Kraft, mit der Verletzte und Hinterbliebene ihr schweres Schicksal zu meistern begannen, hat auch mir selbst immer wieder von neuem Mut für meine Arbeit gegeben.

Zu danken habe ich meinen Mitarbeiterinnen und Mitarbeitern in der Geschäftsstelle des Ombudsmannes, die bald die Bezeichnung »Unfallhilfe« erhielt. Sie fühlten sich und fühlen sich zum Teil bis heute voll dem Auftrag des Ombudsmannes verpflichtet, den Verletzten und ihren Angehörigen, den Hinterbliebenen und den vielen Helfern unmittelbar nach dem Unglück zu helfen. Soweit in diesem Buch vom Ombudsmann gesprochen wird, bin nicht nur ich in meiner Person gemeint, sondern immer auch mein Team. Bei meinen täglichen Beratungen mit meinen Mitarbeiterinnen und Mitarbeitern war schon bald ein Zusammengehörigkeitsgefühl vorhanden und es war nur noch von »wir« die Rede, nicht nur bei mir als Ombudsmann, sondern auch bei allen Mitarbeiterinnen und Mitarbeitern. Die Bahn, der sie an sich zugehörten, wurde somit zum »Ansprechpartner« für sie, soweit sie dem Team des Ombudsmannes angehörten. So entstand schnell ein Teamgeist.

Ich kann nicht alle Mitarbeiterinnen und Mitarbeiter hier namentlich erwähnen. Stellvertretend für alle möchte ich insbesondere Frau Eugenie Kretschmer nennen. Sie hat mit vollem persönlichen Einsatz die Geschäftsstelle geleitet und hat in zahllosen telefonischen und persönlichen Gesprächen den Opfern mit viel Anteilnahme und Einfühlungsvermögen mit Rat und Tat zur Verfügung gestanden. Dabei kamen ihr auch ihr erstaunliches Wissen um die besonderen persönlichen Schicksale sowie ihre umfassenden Kenntnisse und ihr Verantwortungsgefühl zu Hilfe. Auch ihre Entscheidungsfreudigkeit war dem Ombudsmann eine gleichfalls unerlässliche Hilfe.

Ebenso möchte ich mit vielem Dank die Mitglieder der Haftpflichtgruppe der Deutschen Bahn AG, insbesondere Herrn Schönbeck, Frau Naser, Frau Müller und Herrn Wiemann erwähnen. Es lag auch im Interesse der Betroffenen, dass der Ombudsmann ständigen, persönlichen vertrauensvollen Kontakt zu den maßgebenden Vertretern der Deutschen Bahn AG behielt. Entgegen manchen Berichten in den Medien habe ich stets sowohl in Grundsatzfragen als auch in vielen Einzelfällen die volle Unterstützung des Vorstandes und der Deutschen Bahn AG insgesamt erhalten. Insoweit ist auch hier im Vorwort zu erwähnen, dass in allen Grundsatzfragen der materiellen Entschädigung die für die Betroffenen nach deutschem Recht günstigste Regelung getroffen wurde.

Ich habe für ihre Unterstützung insbesondere den Vorsitzenden Herrn Dr. Johannes Ludewig und Herrn Hartmut Mehdorn zu danken, außerdem der Leiterin der Rechtsabteilung der Bahn, Frau Margret Suckale, und dem damaligen für die sozialen Angelegenheiten zuständigen Bereichsleiter, Herrn Hans-Hartmut Weisberg. Gleiches gilt für die beiden leitenden Psychologen der Bahn, Frau Sabine Gröben und ihre leider so früh verstorbene Mitarbeiterin, Frau Edith Grzesitza.

Schließlich danke ich dem Autor dieses Buches in der Hoffnung, dass das Buch für eine Ombudsfrau oder einen Ombudsmann und die Betroffenen eine Hilfe sein möge; doch geht dem der Wunsch voraus, dass es möglichst nicht zu Unfällen kommt, die eine Ombudsfrau oder einen Ombudsmann erfordern.

Prof. Dr. Otto Ernst Krasney, Kassel,
im Dezember 2004

Das Unglück

Am 3. Juni 1998 um 10.59 Uhr schießt nur der Triebkopf des ICE 884 »Wilhelm Conrad Röntgen« mit einer Geschwindigkeit von rund 200 Kilometern in den Bahnhof der niedersächsischen Gemeinde Eschede. Der erste Waggon war bereits entgleist und gegen einen Brückenpfeiler geprallt. Die anderen Waggons rasen in die Unfallstelle. Zugleich bricht die Brücke zusammen und begräbt Teile des Zuges unter sich.

101 Menschen kommen dabei insgesamt ums Leben, 105 werden zum Teil schwer verletzt. Es handelt sich um das größte Zugunglück in der Geschichte der Bundesrepublik Deutschland.

1. Kapitel:
Berufung und die erste Tätigkeit

Es ist Mittwochnachmittag, der 10. Juni 1998. Sieben Tage sind seit dem Geschehen von Eschede vergangen. Das Telefon klingelt in dem Einfamilienhaus in einer Kasseler Siedlung, das Professor Dr. *Otto Ernst Krasney* bewohnt. Seine Frau Renate Krasney hebt den Hörer ab. Am anderen Ende meldet sich die Deutsche Bahn AG, Horst Föhr, Personalvorstand, für den sozialen Bereich verantwortlich. In wenigen Worten erläutert Föhr, dass die Bahn einen Ombudsmann für die Opfer des Unglücks von Eschede suche. Ihr Mann sei der favorisierte Kandidat. Renate Krasneys erster Gedanke ist: »Da muss mein Mann zusagen!« Ihr kommen die Menschen in den Sinn, die bei diesem Unglück Schreckliches erlebt haben. Sie verspricht einen Rückruf, sobald ihr Mann eintreffe. Ja, auch spätabends.

An diesem Abend kommt Ernst Otto Krasney erst gegen zehn Uhr von seiner Vorlesung über Sozialrecht an der Universität Gießen nach Hause. Er ruft sofort zurück. Föhr ist gleich am Apparat. »Sie wissen, worum es geht?«, fragt er. »Ja, meine Frau hat es mir schon erzählt.« »Die Opfer brauchen Hilfe. Wir suchen einen unabhängigen Ombudsmann, der Opfer und Hinterbliebene unterstützt. Wir glauben, das Sie der Richtige sind. Wären Sie bereit, diese Aufgabe zu übernehmen?«

Krasney hatte bereits darüber nachgedacht, als ihm seine Frau von dem Anruf erzählte. Kurz hatte er sich mit ihr und seinen Kindern beraten, dann stand für ihn fest: Ich mache das – vorausgesetzt die Bahn garantiert mir die erforderliche Unabhängigkeit. Krasney hat sich schon in seiner Zeit als

Vizepräsident des Bundessozialgerichtes in Kassel immer wieder mit der Frage beschäftigt, wie man Opfern von Unglücksfällen wirkungsvoll zur Seite stehen könne. Denn in dreißig Jahren Beschäftigung mit Schicksalen, die ihm in seinem Amt als Richter begegnet sind, weiß er nur zu gut, in welche Extremsituationen Verletzte, Angehörige und Hinterbliebene von Unglücksfällen geraten können. Überdies ist er in der Behindertenhilfe aktiv, seit er 25 Jahre alt ist.

Mit Interesse hatte Krasney in den Jahren zuvor die Diskussionen verfolgt, die in der Fachwelt nach den Flug-Katastrophen von Ramstein, Borken und dem Swissair-Absturz vor der Küste von New York im September 1998 geführt wurden. Auch hier war schon die Frage aufgetaucht, ob ein Ombudsmann für die Hinterbliebenen und Opfer nicht eine große Hilfe hätte sein können. Doch hat es zumindest bei den Unglücksfällen auf deutschem Boden noch nie eine solche Berufung gegeben.

Wann sollte ein Unternehmen einen Ombudsmann einsetzen?
1. Es muss sich um ein einzelnes Katastrophenereignis handeln. Ein ständiger Ombudsmann, der zum Beispiel generell für die Opfer aller Verkehrsunfälle tätig wird, ist nicht sinnvoll.
2. Von dem Unglück müssen eine größere Anzahl Menschen betroffen sein.
3. Das Unglück muss auf eine Ursache zurückzuführen sein, für die ein Unternehmen unabhängig von der juristischen Beurteilung die Verantwortung übernimmt. Die Einsetzung eines Ombudsmannes durch ein Unternehmen hat nichts mit Schuld im juristischen Sinne zu tun.

Und dann ist da neben aller professionellen Beschäftigung mit dem Thema noch ein persönlicher Beweggrund. Er spiegelt sich in jenem Lebensmotto, das sich der Jurist nach der

Geburt seiner beiden gesunden Kinder zu eigen machte. Es lautet »Sei froh, wenn du helfen kannst, anstatt Hilfe zu brauchen!« Denn zu vielen Menschen ist er in seinem Berufsleben begegnet, die auf Hilfe angewiesen waren. Das schärft den Sinn für Glück und Unglück.

Warum aber kommt die Bahn gerade auf ihn? Für die Wahl gibt es gleich mehrere Gründe. Zuerst einmal ein ganz praktischer: Wer eine solche Aufgabe übernimmt, muss sich, zumindest in den ersten Monaten, von seinem Berufs- und größtenteils auch von seinem Privatleben verabschieden. Deshalb ist die ideale Besetzung einer, der nicht mehr unmittelbar im Berufsleben steht. Krasney hatte gerade fünf Monate vor dem Unglück von Eschede seine letzte Sitzung im Bundessozialgericht geleitet und war mittlerweile im Ruhestand.

Wichtiger als diese mehr technische Voraussetzung jedoch sind die Qualifikationen, die ein Ombudsmann braucht. Hier zählen öffentliches Ansehen, Unabhängigkeit und Unbestechlichkeit. Hinzu kommen die Fähigkeit, zuhören zu können und empathisch zu reagieren, körperliche und seelische Belastbarkeit beim permanenten Umgang mit traumatisierten Opfern und Hinterbliebenen sowie eine rasche Auffassungs- und Entscheidungsgabe. Organisationstalent, Improvisationsvermögen sowie die Fähigkeit, in den Medien eine komplexe Arbeit in drei, vier Sätzen einer großen Öffentlichkeit begreiflich zu machen, runden das Profil des Ombudsmannes ab.

All dies traf auf Krasney zu. Und trotzdem sind es manchmal eher die Zufälle, die auf eine bestimmte Person hindeuten. So war Bahnchef Ludewig, vorher Staatssekretär der Regierung Kohl, kurz vorher bei einem Treffen der Staatssekretäre aus den Bundesministerien in Berlin gewesen. Dort hatte er davon erzählt, dass die Bahn für die Opfer von Eschede einen Ombudsmann suche. Werner Tegtmeier, der Spitzenbeamte aus dem Sozialministerium, meinte: »Nimm doch den Krasney. Den haben wir gerade in den Ruhestand verabschiedet.« Ludewig ließ sich über den ehemaligen Vize-Präsidenten des Bundessozialgerichts informieren. Was er hörte, überzeugte ihn: Das ist der richtige Mann für diese Aufgabe. So kam Otto Ernst Krasney zu dem Amt des Ombudsmannes.

Daran ist bei der Auswahl eines Ombudsmannes zu denken:

1. Der Ombudsmann muss Zeit haben.
Die Aufgabe nimmt ihn voll in Anspruch: Der Ombudsmann muss viele Gespräche führen, ist viel unterwegs und muss ausreichend Zeit im Büro verbringen. Jemand, der noch mitten im Beruf steht, kann dies nicht leisten. Hingegen kann jemand, der im Ruhestand ist, sich diese Zeit nehmen. Er besitzt zugleich die Lebenserfahrung, um mit oft schwierigen Situationen umzugehen.

2. Er muss Verständnis für Unfallgeschehen haben.
Unfälle können Menschen traumatisieren, sie zu scheinbar irrationalem Handeln veranlassen. Ein Ombudsmann sollte Erfahrung mit der Tragik von Unfällen und dem Verhalten von Unfallopfern haben. Nur so bringt er jenes Verständnis auf, das nötig ist, um die erforderliche Akzeptanz zu finden.

3. Er sollte Erfahrung mit Behinderten haben.
Menschen, die durch einen Unfall behindert sind, befinden sich in Ausnahmesituationen. Sie tragen eine große Last, die sich manchmal in schwer verständlichen Reaktionen entlädt. Deshalb sollte ein Ombudsmann Erfahrung mit behinderten Unfallopfern gesammelt haben.

---

4. Er sollte Unabhängigkeit gelernt haben.
Unabhängigkeit gelernt zu haben, ist mehr als nur unabhängig zu sein. Es bedeutet, dass man sich bewusst von seinem Auftraggeber lösen kann – auch wenn man von ihm eingesetzt wurde. Der Richterberuf ist deshalb eine gute Voraussetzung, denn ein Richter ist zwar beim Staat angestellt, er ist aber nur dem Recht, nicht dem Staat verpflichtet.

5. Er muss Geschick in der Mediation haben.
Die Aufgabe des Ombudsmann ist es, zwischen unterschiedlichen Interessen zu vermitteln. Dabei darf er nie Partei sein – weder für die Interessen der Opfer noch für die Interessen des Unternehmens, denn dadurch würde er bei der jeweils anderen Seite an Glaubwürdigkeit verlieren.

6. Der Ombudsmann muss gut zuhören können.
Es sind manchmal die einfachsten Dinge, die Menschen am schwersten fallen. Zuhören können gehört dazu. Wer Führungsaufgaben und große Entscheidungskompetenz innehatte, ist es oft gewohnt, dass sich vieles auf ihn und sein Wort konzentriert. Ein Ombudsmann muss aber anderen sofort das Gefühl vermitteln, ernst genommen zu werden. Er muss sich selbst stark zurücknehmen.

7. Er muss das Unfallgeschehen und seine Folgen – jedenfalls in den Grundzügen – rechtlich erfassen und für die Betroffenen beurteilen können.

Nach einem Großunfall einen geeigneten Ombudsmann zu finden, der auch zur Aufgabe bereit ist, kostet oft viel Zeit. Unternehmen, bei denen sich solche Unfälle ereignen können – Fluggesellschaften etwa oder Eisenbahnen und Chemiefirmen –, sollten sich frühzeitig nach zwei, drei Kandidaten umschauen und auch deren mögliche Bereitschaft sicherstellen. So können sie schnell reagieren, denn für die Opfer sind die ersten 48 Stunden nach dem Unglück besonders wichtig. Hier schon kann die Einsetzung eines Ombudsmannes ein Zeichen setzen und für Soforthilfe sorgen, wie Otto Ernst Krasney später bei seinem zweiten Einsatz, beim Zugunglück in *Brühl*, erfahren hat. Potenzielle Ombudsleute sind zudem auf ihre Aufgabe innerlich und sachlich vorbereitet und können deshalb rascher und effektiver agieren. Da man nicht weiß, ob der bevorzugte Kandidat oder die bevorzugte Kandidatin wirklich Zeit hat, sollte die Liste derjenigen, die man bei einem Unglück ansprechen kann, mindestens zwei bis drei Namen umfassen. Telefon- und Handynummern sollten in der Stabsstelle der höchsten Führungsebene des Unternehmens vorliegen. Berufen werden sollte aber nur ein einziger Ombudsmann, außer bei Katastrophen von sehr großem Ausmaß wie etwa beim Chemieunglück im südindischen *Bhopal*, bei denen sich zwei Personen die Arbeit untereinander aufteilen könnten.

Wer soll den Ombudsmann berufen?
Im Fall Eschede hat die Bahn den Ombudsmann bestellt, damit er so schnell wie möglich mit der Arbeit beginnen konnte. Das Unternehmen sicherte ihm Unabhängigkeit zu. Doch die Berufung allein durch das betroffene Unternehmen ist nicht immer die ideale Lösung. Sie kann die Arbeit des Ombudsmannes erschweren, weil er sich erst das Vertrauen der Hinterbliebenen und Opfer erarbeiten muss, die ihn für einen Vertreter des Unternehmens halten könnten.
Ebenso fällt eine Wahl durch die Verletzten aus. Sie stehen ja meistens unter Schock, manche sind sehr schwer verletzt, liegen vielleicht noch im Koma, kennen sich untereinander nicht. Auf jeden Fall haben sie zunächst andere Sorgen. Wenn es dadurch keine Zeit-

---

verzögerung gibt, wählt am besten eine unabhängige Stelle oder ein unabhängiges Gremium (zum Beispiel der Landtagspräsident, der Ministerpräsident, der örtliche Bischof) den Ombudsmann aus einer Liste von Kandidaten aus, die das betroffene Unternehmen zusammengestellt hat.

Otto Ernst Krasney ist der erste Ombudsmann, der für die Opfer eines großen Unglücks bestellt werden soll. Erfahrung aus früheren Unfällen und Unglücken gibt es nicht. Die Bahn und der Ombudsmann werden Neuland betreten. So stellen sich bei dem Gespräch mit Personalchef Föhr noch weitere Fragen, die direkt mit Bahnchef Ludewig zu klären sind. »Selbstverständlich arrangieren wir einen Termin«, sagt der Personalvorstand. »Am besten gleich morgen.« Als Treffpunkt vereinbaren sie die DB-Lounge im Frankfurter Hauptbahnhof – von Kassel aus mit der Bahn in weniger als zwei Stunden zu erreichen.

Krasney lässt seinen Koffer bewusst zu Hause in Kassel. Denn erst will er klären: »Was will die Bahn konkret von mir?« Er braucht das Gefühl, sofort wieder nach Hause fahren zu können, wenn das Gespräch mit Ludewig nicht zufrieden stellend verläuft.

Keine 24 Stunden nach dem Telefonat mit Föhr sitzen sich der damalige Bahnchef und der designierte Ombudsmann gegenüber. Beide haben genaue Vorstellungen, was sie von der Rolle des Ombudsmannes erwarten. Krasney hat zwei Schlüsselfragen an den Bahnchef, die nach seiner Ansicht als erstes geklärt werden müssen.

Die erste Frage lautet: Welche konkreten Aufgaben soll der Ombudsmann übernehmen? Und die zweite Frage: Welche Stellung soll der Ombudsmann gegenüber der Bahn einnehmen?

Zwei Fragen, die über den Erfolg oder das Scheitern der Mission entscheiden können, bevor sie überhaupt begonnen hat. Denn Krasney ist sich darüber im Klaren: Will er den Opfern eine wirkliche Hilfe sein, so darf er sich weder von ihnen noch von der Bahn vereinnahmen lassen – sei es organisatorisch oder disziplinarisch. Konsequent lehnt Krasney deshalb gegenüber dem Bahnchef jede Form von Weisungsbefugnis gegenüber Bahn-Mitarbeitern ab. Er ist Ansprechpartner der Opfer *und* der Bahn. Das verschafft ihm jene Unabhängigkeit, die später bei vielen Aktionen den Opfern zugute kommt. Denn mit seiner Stellung außerhalb der Bahn-Strukturen verhindert der Ombudsmann, dass er Teil einer bestehenden Organisation wird – mit allen ihren Zwängen und Abhängigkeiten. So kann er sich erlauben, als Berater und nicht als Vorgesetzter aufzutreten – und dementsprechend auch den oft mühsamen Dienstweg kurzerhand umgehen. Er braucht aber, um seine Arbeit gut machen zu können, Mitarbeiterinnen und Mitarbeiter, die ihm unmittelbar zugeordnet sind. Ihnen gegenüber muss er weisungsbefugt sein, denn sie sind in dieser Funktion nicht mehr Teil der Organisation der Bahn, sondern assistieren dem Ombudsmann.

Vor allem ist diese Unabhängigkeit aber gegenüber den Opfern und ihren Angehörigen wichtig. Denn nur so kann der Ombudsmann die Rolle übernehmen, die für seine Aufgabe unabdingbar ist: Vertrauen zu schaffen und zwischen den Beteiligten zu vermitteln, um so als Ansprechpartner für die Nöte, Sorgen und Ängste wirklich akzeptiert zu werden.

Das bedeutet andererseits: Ein Ombudsmann kann nicht als bloßer Anwalt der Opfer im juristischen Sinne agieren. Denn Unabhängigkeit gilt nach jeder Seite. Als Anwalt hätte er jedoch unbedingt parteilich zu sein. Das wiederum hätte jeden Versuch, unbürokratisch und damit schnell zu helfen, scheitern lassen.

Und es gibt, was die Stellung des Ombudsmannes angeht, noch eine dritte Seite: Die Öffentlichkeit. Was würde die von einem Ombudsmann halten, der sich einer Organisation zugehörig begreifen würde, in deren Auftrag er die Katastrophe und deren Folgen mildern soll? Der Ombudsmann braucht das höchstmögliche Maß von Unabhängigkeit nach allen Seiten. Auch derjenigen Organisation gegenüber, die das Geld zur Unterstützung der Opfer bereitstellt.

Dessen ist sich Otto Ernst Krasney sicher, als ihn seine Frau zum Bahnhof Kassel-Wilhelmshöhe fährt. Die ICE-Züge sind nach dem Unglück von Eschede aus dem Betrieb genommen worden. Die Strecke zwischen Kassel und Fulda wird in diesen Tagen von Intercity-Zügen bedient. Am Bahnsteig in Frankfurt erwartet ihn Bahnchef Johannes Ludewig. Der pensionierte Richter erkennt ihn sofort, denn in den letzten Tagen war Ludewig oft im Fernsehen zu sehen. Die beiden Männer ziehen sich in die DB-Lounge zurück. Sie werden sich schnell einig.

Krasney gewinnt den Eindruck, dass die Vertreter der Bahn von dem Unglück von Eschede tief schockiert sind. Das galt für die Zugbegleiter, die er auf der Fahrt nach Frankfurt kennen gelernt hatte, ebenso wie für den Unternehmensvorstand. In den letzten Tagen waren die Bahnmitarbeiter immer wieder mit dem Leid der Opfer konfrontiert worden.

Der künftige Ombudsmann spürt: Seine Berufung soll keine Alibiveranstaltung sein. Ihm ist eine ehrliche und unabhängige Rolle zugedacht: als eine Art »menschliches Relais« zwischen der Bahn auf der einen Seite, den Opfern und Hinterbliebenen auf der anderen.

Es reicht dabei nicht aus, dass der Ombudsmann nur eingreift, wenn es in Einzelfällen Streit um Entschädigung für die finanziellen Folgen des Unglücks gibt. Er muss vor allem unmittelbar nach dem Unglück helfen können und dafür über ausreichende Mittel verfügen, um in eigener Verantwortung schnell und unbürokratisch finanzielle Überbrückungshilfen gewähren zu können.

Für eine weitere, wesentlich umfangreichere Aufgabe sollte der Ombudsmann außerdem verantwortlich sein: die Koordination der psychosozialen Betreuung der Opfer, Angehörigen, Hinterbliebenen und Helfer.

> *Worum sollte sich ein Ombudsmann vornehmlich kümmern?*
>
> Es gibt in Deutschland sehr gute Unfallkliniken. Die medizinische Betreuung ist also ausgezeichnet. Darüber hinaus gibt es hervorragende Rehabilitationseinrichtungen. Wer aber kümmert sich um die Seelen der Betroffenen? Das sollte eine Hauptaufgabe eines Ombudsmannes sein.
>
> Drei Aufgaben sollte sich ein Ombudsmann deshalb vor allem stellen:
> 1. die psychologische Behandlung der Unfallopfer, ihrer Angehörigen und ihrer Hinterbliebenen zu gewährleisten;
> 2. deren psycho-soziale Betreuung und die der Helfer zu organisieren;
> 3. eine psycho-soziale Nachbetreuung sicherzustellen, die fallweise über Jahre gehen kann.

Die Seelen von Menschen, die ein Trauma durchlitten haben, heilen nicht in ein paar Wochen. Viele benötigen längere Zeit Hilfe, um das Trauma zu verarbeiten.

Krasney und Ludewig einigen sich auf einen Fonds von zunächst fünf Millionen Mark. Damit sollen der Ombudsmann und seine Helfer Soforthilfe und die psycho-sozialen Betreuungen organisieren. Krasney behält sich vor, einen Nachschlag zu verlangen, denn er hat keine Vorstellung davon, wie viel Geld er benötigen wird. Klar ist auch: das Geld dient der Arbeit des Ombudsmannes und soll die Opfer und Hinterbliebenen unterstützen, in manchen Fällen auch die Helfer. Die Entschädigungen dagegen leistet die Haftpflichtabteilung der Bahn. Krasney möchte sich später nicht dem Vorwurf aussetzen, er habe einen Teil seines Geldes für Entschädigungen ausgegeben. Deshalb überprüft, auf seinen Wunsch hin, ein Controller seine Haushaltsführung.

Krasney und Ludewig vereinbaren, dass der Ombudsmann direkten Zugang zum Vorstand der Bahn hat. Nur so kann er sich unmittelbar für die Opfer und die Hinterbliebenen einsetzen, zumal es hin und wieder um grundsätzliche Entscheidungen gehen wird, die so weit reichend und teuer sein können, dass sie nur der Vorstand treffen kann. Ein Ombudsmann, der zunächst mit Abteilungsleitern über Entscheidungen verhandeln muss, die über deren Kompetenzen hinausgehen, könnte nicht effektiv arbeiten.

Es gibt vieles zu klären zwischen dem Ombudsmann und dem Bahnchef. Nach mehreren Stunden verabschieden sich Otto Ernst Krasney und Johannes Ludewig mit einem Handschlag.

Einen schriftlichen Vertrag gibt es nicht. Der Ombudsmann verlässt sich auf das Wort des Vorstandschefs. Die Bahn hält ihre Versprechen ein. Das gilt auch, als Hartmut Mehdorn an die Spitze der Bahn aufrückt.

Über eine Vergütung für die Tätigkeit des Ombudsmannes wurde bei dieser Zusammenkunft nicht gesprochen. Erst später, nach Aufnahme der Arbeit des Ombudsmannes, wurde bei einem Gespräch mit dem Personalvorstand eine entsprechende Vereinbarung getroffen. Ein monatliches Salär für den Ombudsmann halten beide Seiten nicht für sinnvoll. Krasney will den Vorwurf vermeiden, nur des Geldes wegen seine zunächst für ein Jahr veranschlagte Aufgabe zeitlich auszudehnen. Stattdessen rechnet er nur die Stunden mit der Bahn ab, in denen er tatsächlich als Ombudsmann tätig ist. Durch eine Pauschale wird vermieden, sich kleinlichen Abrechnungsregeln zu unterwerfen, zum Beispiel jede Taxifahrt oder jede Mahlzeit abzurechnen.

Später zeigt sich, dass es gut war, die Vergütung ausschließlich aufwandsbezogen zu berechnen. Dem Ombudsmann wurde von einigen Mitgliedern der Interessengemeinschaft vorgehalten, er werde von der Bahn bezahlt, sei also »deren Mann«. Ein Vorwurf, der bei Kenntnis der tatsächlichen Vereinbarungen eindeutig unberechtigt ist.

2. Kapitel:
Die ersten Monate nach dem Unglück

Schon am Tag nach dem Gespräch mit dem Bahnchef bezieht der Ombudsmann sein neues Büro in Frankfurt. Es durfte sich, soviel war klar, nicht in der Zentrale der Bahn befinden, um jeden Eindruck zu vermeiden, der Ombudsmann sei der verlängerte Arm der Bahn. Man fand einen Raum in der Sozialabteilung der Deutschen Bahn AG im Elbehof, wenige Schritte vom Hauptbahnhof entfernt. Morgens um neun Uhr betritt der neue Ombudsmann an seinem ersten offiziellen Arbeitstag das Gebäude. Er ist gerade aus Kassel angereist. Dies sollte auch in Zukunft so bleiben: Wann immer möglich, verbringt Krasney die Nacht zu Hause in Kassel. Hier kann er auftanken, sich bei seiner Frau und seinem Sohn, einem angehenden Juristen, Rat holen, sich aussprechen und neue Kraft schöpfen, wenn ihn die seelische Belastung einmal allzu sehr drückt. Gelegentlich konsultiert er auch seine Tochter, die ihm als Ärztin und Psychotherapeutin Rat gibt. Später wird sie sogar, zunächst unbemerkt von ihm, die Rolle seiner psychologischen Supervisorin übernehmen.

Sein neues Büro hat gerade einmal Platz für zwei Schreibtische. Fünfzehn Quadratmeter. Weiße, kahle Wände. Als ihn Bahnchef Ludewig einmal besucht, ist er erstaunt. »Hier arbeiten Sie?«, fragt der Vorstandsvorsitzende ungläubig. »Wir können ihnen doch auch ein größeres Büro zur Verfügung stellen…« »Nein. Dieser Raum ist hervorragend«, antwortet Krasney. Der Ombudsmann darf gegenüber den Opfern einer Katastrophe nicht repräsentieren. Er und seine Mitarbeiter müssen jederzeit damit rechnen, dass Opfer und

Hinterbliebene sie in Frankfurt besuchen. Welchen Eindruck bekämen sie, wenn er in einem großen Büro mit Vorzimmer residierte, ihnen aber aus grundsätzlichen Erwägungen eine finanzielle Bitte abschlagen müsste? Auf ein Vorzimmer verzichtet Krasney bewusst, um bei Besuchern und Anrufern Vertrauen zu schaffen. Je weniger Hürden es für den Kontakt mit dem Ombudsmann gibt, desto besser. Außerdem fördert die Enge die Zusammenarbeit. Bei Anrufen kann seine Mitarbeiterin mithören, ist informiert und kann ihm gleich die passende Akte auf den Tisch legen. So gewinnen die Anrufer oftmals den Eindruck, der Ombudsmann kenne ihren Fall und seinen Hintergrund auf Anhieb. Das schafft Vertrauen in die Kompetenz.

Von seiner ersten Sekretärin muss sich Krasney nach wenigen Tagen trennen. Sie kam nicht von der Bahn, sondern von einer Firma aus Frankfurt, die nach dem Unglück hatte helfen wollen. Deshalb kennt sich die Sekretärin nicht in den Strukturen des Flächen-Unternehmens Bahn aus – ebenso wenig wie der Ombudsmann. Sie rätseln viel herum, was welche Abkürzung bedeuten mag, wer für was zuständig ist, welche Anfrage an wen weitergeleitet werden soll. Rasch wird deutlich, dass die engste Mitarbeiterin des Ombudsmannes von der Deutschen Bahn AG kommen muss. Drei Tage nach Aufnahme seiner Tätigkeit beginnt der erste Arbeitstag von *Eugenie Kretschmer* als Krasneys Assistentin.

Eugenie Kretschmer hat schon auf mehreren Stellen im Bahn-Konzern gearbeitet. Sie kennt die Strukturen und weiß, wer wofür zuständig ist. Einige Tage nach der Katastrophe von Eschede holt sie ihr Vorgesetzter zu sich. »Frau Kretschmer«, sagt er. »Die Bahn richtet die Stelle eines Ombudsmannes für die Opfer von Eschede ein. Sind Sie interessiert und bereit, für den Ombudsmann zu arbeiten?« Eugenie Kretschmer weiß: Auf sie kommt eine sehr schwierige, belastende Aufgabe zu. Aber auch eine Tätigkeit, bei der sie vielen Menschen helfen kann. Sie berät sich mit ihrem Mann und sagt zu.

Sie ist nicht nur Sekretärin, sondern arbeitet sich intensiv in die Aufgaben ein. Eugenie Kretschmer muss nicht nur über jedes Schicksal der Verletzten und Hinterbliebenen Bescheid wissen oder sich schnell Kenntnis davon verschaffen. Sie ist zudem oft die erste Person, mit der es Anrufer beim Ombudsmann zu tun haben, wenn der nicht am Platz ist. Dafür benötigt sie Gespür und menschliches Einfühlungsvermögen. Sie muss ebenso wie der Ombudsmann zuhören können, wenn die Betroffenen über ihre Sorgen, ihr Leid, ihre Ängste sprechen wollen. Sie muss durch den ständigen Kontakt mit Krasney in der Lage sein, in dessen Abwesenheit eigenständig zu entscheiden und dafür die Verantwortung zu übernehmen.

Wie sollten Mitarbeiter ausgewählt werden und Räumlichkeiten beschaffen sein?

1. Der Ombudsmann braucht ein gut ausgestattetes Büro mit allen technischen Möglichkeiten. Es sollte nicht in der Firmenzentrale des betroffenen Unternehmens liegen. So wird dem Eindruck entgegengewirkt, der Ombudsmann sei der Erfüllungsgehilfe des Unternehmens.
2. Das Büro sollte zweckmäßig sein und bescheiden wirken. Jede Form der Repräsentation sollte vermieden werden. So bekommen Besucher nicht den falschen Eindruck, Geld versickere in der Bürokratie des Ombudsmanns, statt für die Opfer eingesetzt zu werden. Ein Ombudsmann sollte auf ein Vorzimmer, das von Besuchern und Anrufern überwunden werden muss, verzichten.
3. Die engen Mitarbeiter des Ombudsmannes sollten mit dem betroffenen Unternehmen vertraut sein. Bei unternehmensfremden Assistenten geht zu viel Zeit und Energie verloren, bis diese Strukturen und Ansprechpersonen kennen.

4. Die Mitarbeiter des Ombudsmannes müssen fähig sein, flexibel zu entscheiden und zu handeln. Wer sich nur eng an Vorschriften und Dienstwegen orientiert, wird schnell in Konfrontation mit Geschädigten geraten und in der Öffentlichkeit ein schlechtes Bild abgeben. Die Mitarbeiter sollten sich auch bewusst sein, dass eine große psychische Belastung auf sie zu kommt: Sie haben es täglich mit schweren Schicksalen zu tun.

5. Das gesamte Team des Ombudsmanns braucht eine psychologische Betreuung – auch der Ombudsmann. Sogar die Psychologen im Team, die die Opfer und Hinterbliebenen betreuen, benötigen eine Supervision. Was der Ombudsmann den Geschädigten klar machen muss, gilt auch für sein Team: Psychologische Hilfe durch Fachleute zu erbitten, ist keine Schwäche. Sich betreuen oder behandeln zu lassen ist nichts, wofür man sich schämen müsste. Niemand braucht in einer solchen Situation Helden, deren Seele in Wahrheit angeknackst ist.

In dem genannten Sinne ist der Ombudsmann auf die tatkräftige Mithilfe seines Teams angewiesen. Zwischen ihnen entwickelt sich schnell ein Wir-Gefühl. So sagen die Mitarbeiter, obgleich sie bei der Bahn beschäftigt sind, in den Besprechungen: »Das müssen wir mit der Bahn klären.«

Der Ombudsmann kümmert sich schon in diesen ersten Tagen um die Haftpflichtgruppe der Deutschen Bahn AG, die mit der Abwicklung des Unglücks befasst ist. Sie befindet sich zu diesem Zeitpunkt noch in der Niederlassung Hannover, die in der damaligen Bahn-Organisation für den Unfall von Eschede zuständig ist.

Einige Mitarbeiter sind mit ihrer Aufgabe überfordert. Sie waren bisher gewohnt, Unfälle vornehmlich mit Sachschäden, allenfalls mit wenigen Verletzten und Toten zu bearbeiten. Ein Massenunglück mit 101 Toten und noch mehr

Verletzten stellt aber ganz andere Anforderungen. Manche werden mit der psychischen Belastung nicht fertig. Sie können den Umgang mit soviel Leid und Einzelschicksalen nicht verarbeiten.

Anderen fällt es schwer, gewohnte Abläufe zugunsten einer schnellen und unbürokratischen Hilfe in Frage zu stellen. Gerade in den ersten Wochen fällt aber vieles an, das dem vorgeschriebenen Abrechnungswesen widerspricht. Ein Sachbearbeiter, der von einem Vater oder einer Mutter, einem Ehemann oder Lebenspartner eines Verletzten eine Taxi-Quittung für die Fahrt zum Krankenhaus verlangt, richtet viel Schaden an.

Nach Gesprächen des Ombudsmannes mit den zuständigen Vertretern der Bahn wird die Haftpflichtgruppe deshalb neu besetzt. Das Team wird außerdem nach Frankfurt geholt, damit die Mitarbeiter sich jederzeit mit dem Ombudsmann, seinen Mitarbeitern und den Psychologen beraten können. Es finden sich schnell praktikable Regelungen: Gerd Wiemann, einer der Schadenssachbearbeiter, pendelt zum Beispiel zwischen Frankfurt und Hannover. Einige Tage unter der Woche verbringt er am Main, den Rest und das Wochenende in Hannover.

Für den Ombudsmann eine wichtige Erkenntnis: Je enger die mit dem Fall befassten Mitarbeiter zusammensitzen, selbst wenn sie letztlich unterschiedliche Aufgaben erfüllen, desto besser ist es für Opfer und Hinterbliebene. Der Ombudsmann darf zwar kein Weisungsrecht gegenüber den Schadenssachbearbeitern haben, sollte aber mit ihnen in engem Kontakt stehen.

Das gesamte Team, der Ombudsmann mit seinen Mitarbeiterinnen und Mitarbeitern und die Haftpflichtgruppe, trifft sich anfangs täglich. An den Sitzungen nehmen in der Regel auch zwei Psychologinnen der Bahn teil. Da sie Mitarbeiterinnen der Bahn sind, behandeln sie die Opfer nicht selbst. Aber sie betreuen die Opfer und Hinterbliebenen, geben Hilfestellung und Rat. Sie kennen Kolleginnen und Kollegen, die in freier Praxis tätig sind und sich mit Traumatologie befassen, und vermitteln den Kontakt. Der Ombudsmann möchte den Eindruck vermeiden, dass die Bahn mit eigenen Psychologen Einfluss auf die Betroffenen nehmen will. Die Bahnpsychologen übernehmen aber die psychologische Supervision des Teams.

Oft wird vergessen, dass Menschen, die täglich mit den Opfern zu tun haben, ebenfalls unter den seelischen Belastungen leiden. Wenn der Druck zu groß wird, ist bei ihnen eine psychologische Betreuung angebracht. Da der Laie die Signale einer Überlastung oft nicht deuten kann, sollten Fachleute den Ombudsmann und sein Team begleiten.

Im Oktober 1998, nach fast einem halben Jahr, stoßen zur Gruppe des Ombudsmannes Mitarbeiter des *Deutschen Institutes für Psychotraumatologie* und des *Institutes für Klinische Psychologie und Psychotherapie* der Universität Köln unter Leitung von Prof. Dr. Gottfried Fischer. Mit ihnen schließt der Ombudsmann einen Vertrag, der die wissenschaftliche Begleitung der psychologischen Betreuung für die Betroffenen sicherstellt. Später verlängert er diesen Vertrag, der zunächst über 18 Monate geschlossen wird.

Die acht bis zehn Mitarbeiter des Ombudsmannes besprechen jeden Fall gemeinsam untereinander, wie bei einer Chefarztrunde im Krankenhaus. Auf diese Weise wissen immer alle über den aktuellen Stand Bescheid und jeder kann vom anderen lernen. In den ersten Wochen rufen jeden Tag zwanzig bis fünfundzwanzig Betroffene an. Manche Gespräche dauern fünf oder zehn Minuten, manche erheblich länger. Das erlittene Leid ist groß.

Es geht auch um viele kleine Probleme:

In mehreren Fällen haben Ehemänner ihren Frauen keine *Kontovollmacht* für das Gehaltskonto erteilt. Während die Partner schwer verletzt und nicht ansprechbar im Krankenhaus liegen, stehen die Frauen plötzlich ohne Geld da. Der Ombudsmann ruft die Banken an und kann das Problem lösen.

Ein älteres Ehepaar fühlt sich überfordert, die Wohnung ihres tödlich verunglückten Sohnes aufzulösen. Der Ombudsmann kann die Hilfe von Sozialarbeitern der Bahn vermitteln. Wenn nötig, zahlt der Ombudsmann auch einen professionellen Dienstleister für solche Fälle.

Oftmals brauchen Angehörige, die noch unter Schock stehen, Unterstützung, um die Anreise und Unterkunft für einen Besuch im Krankenhaus zu organisieren. Das Büro des Ombudsmanns reserviert Hotelzimmer, kümmert sich um eine Kinderbetreuung während der Abwesenheit. Einige Angehörige weigern sich, mit der Bahn anzureisen, weil sie unter dem Eindruck der Zug-Katastrophe stehen und Angst haben. Für sie organisiert der Ombudsmann einen Fahrdienst.

Hin und wieder gibt es bei verstorbenen Opfern Probleme mit der Vorlage eines *Erbscheins*, weil die Erbfolge unklar ist. Der Ombudsmann sorgt dann für Zwischenlösungen, um den Angehörigen den Unterhalt zu sichern.

In den ersten Tagen kommt es darauf an, den Menschen eine rasche Überbrückungshilfe zu geben, etwa weil *Rentenversicherungsträger* langsam reagieren. Bis eine Hinterbliebenenrente genehmigt ist, dauert es seine Zeit. Der Ombudsmann sorgt dafür, dass die Bahn die Rente vorstreckt, zumal später der Rentenversicherungsträger seine Leistungen ohnehin von der Bahn erstattet erhält.

Viele Aufgaben sind dringend. Sie müssen sofort erledigt werden. Deshalb stellt Krasney sich in einem Brief an die Hinterbliebenen und Verletzten persönlich vor und bietet seine Hilfe an. Er kondoliert in dem Schreiben den Hinterbliebenen und spricht den Verletzten seine Anteilnahme aus, er erläutert seine Aufgabe als Ombudsmann. »Damit stehe ich für Ihre Anliegen ganz persönlich als neutraler, von der Bahn unabhängiger Ansprechpartner zur Verfügung. Meine Aufgabe besteht vor allem in der Vermittlung von Hilfen, die getrennt von den Schadensersatzleistungen notwendig werden«, betont er. Dann bietet er an, dass man ihn jederzeit anrufen könne. »Alle Hilfsangebote können den Verlust nicht ungeschehen machen. Dennoch hoffe ich, Ihnen durch Betreuung und Unterstützung in dieser schweren Zeit beistehen zu können.« Das Schreiben trägt als Briefkopf nur den Hinweis:

»Prof. Dr. Otto Ernst Krasney Vizepräsident des Bundessozialgerichts a.D. Eschede Hilfe«. Ein Logo oder Emblem der Bahn auf dem Brief wäre für viele Anghörige und Hinterbliebene ein Schock gewesen.

Gleich zu Anfang unterläuft Krasney ein peinlicher Fehler. In einem Brief an die Opfer mit einer finanziell günstigen Nachricht schreibt er: »Ich freue mich, Ihnen mitteilen zu können…«. Nach einem solchen Unglück kann man jedoch keine Freude zum Ausdruck bringen. Der Ombudsmann selbst und seine Mitarbeiter lernen, wie wichtig es ist, in *Briefen* die richtigen Worte zu wählen und die Schreiben psychologisch einfühlsam aufzubauen. Den Wortlaut vieler Briefe stimmen sie mit Psychologen ab. Ein falsches Wort, ein Hinweis zur falschen Zeit kann schnell eine Abwehrhaltung provozieren.

So lernen sie, in ihren Briefen zunächst ihre Betroffenheit zu formulieren und auf das »leidvolle Geschehen« einzugehen. Dies gilt noch lange Zeit nach dem Unglück, denn vielen wird das Ausmaß des erfahrenen Leids erst später bewusst. Viele Verletzte schildern in ihren Schreiben an den Ombudsmann und die Bahn ausführlich ihre Leiden und ihre Beschwerden. Vom Gesichtspunkt der Schadensabteilung gibt es gelegentlich Zweifel, ob die Beschwerden unmittelbar mit dem Unglück und seinen Folgen zu tun haben. In solchen Fällen ist es falsch, in Antwortbriefen zunächst einmal mit ausgewogenen juristischen Argumenten darzulegen, dass deshalb eine Entschädigungspflicht der Bahn nicht anerkannt werde. Vor allem nicht, wenn dann das Zugeständnis folgt, »auf dem Kulanzwege« oder »ohne Anerkennung einer Rechtspflicht« dennoch einzuspringen. Der Betroffene fühlt sich so als Bittsteller, dem eine Gnade gewährt wird. Die Mitarbeiter lernen, den Briefschreibern zunächst zu zeigen, wie sehr man die Geschehnisse bedauere. Dann sollte den Betroffenen mitgeteilt werden, dass ihrer Bitte entsprochen wird – und erst zum Schluss kann, wenn es juristisch wirklich notwendig ist, darauf verwiesen werden, dass ein Rechtsanspruch derzeit nicht anerkannt werde. Auf jeden Fall sollten die Worte »Kulanz« oder »Entgegenkommen« vermieden werden.

Oft erhalten kleine Dinge, die einem Außenstehenden nebensächlich erscheinen, für die Betroffenen eine große Bedeutung. Für einen Menschen, dessen Sohn oder Mutter bei der Katastrophe ums Leben gekommen ist, wird vielleicht ein verlorener Koffer sehr wichtig. In ihm können sich nicht nur wichtige Dokumente befunden haben, sondern wertvolle Andenken des geliebten Menschen, eine Fotografie, ein Geschenk aus besonderem Anlass oder das Lieblingsspielzeug eines Kindes. Daran sollten die Mitarbeiter denken, die an einen Betroffenen wegen eines verlorenen oder beschädigten Gepäckstückes schreiben.

Oft helfen die Psychologen, die eigentlichen Probleme der Hilfesuchenden zu erkennen. Ein Beispiel: Eine Frau, die bei dem Unglück einen Arm verloren hat und seitdem eine Prothese trägt, bittet den Ombudsmann um Unterstützung für einen Erholungsurlaub, »damit ich dort lerne, besser mit meiner Prothese umzugehen.« Ein Bahn-Psychologe aus dem Team erkennt: »Die Frau schämt sich wegen der Prothese. Gehen Sie darauf ein!« Der Ombudsmann bezahlt natürlich den Urlaub und fügt einen Passus im Brief hinzu: »Es ist ein Erfolg von Ihnen, dass Sie sich an die Prothese schon gut gewöhnt haben. Sollten Sie aber weitere Hilfe – gleich welcher Art – benötigen, stehen wir gerne zur Verfügung.«

Das ist die wichtigste Regel: Der Ombudsmann muss sein Angebot zu helfen immer wieder erneuern, denn manche der Betroffenen brauchen länger, bis sie bereit sind, sich darauf einzulassen.

Unangenehm ist ein weiterer Fehler in der Anfangsphase. Er führt zu der ersten massiven Kritik in der Öffentlichkeit an der Arbeit des Ombudsmannes. Etwa ein Dutzend Briefe an Betroffene laufen nämlich durch die Frankiermaschine der Bahn – und tragen deshalb einen Werbestempel für den ICE. Krasney hatte nicht daran gedacht, dass ein Wirtschaftsunternehmen wie die Bahn mit dem Poststempel wirbt. Er korrigiert den Fehler sofort, nachdem er und seine Mitarbeiter ihn bemerkt haben, und entschuldigt sich bei den Betroffenen.

Trotzdem nimmt ein Fernsehteam eines privaten Senders dies zum Anlass, dem Ombudsmann Mangel an Feingefühl vorzuwerfen. Ein Reporter taucht auf und verlangt von Krasney eine Stellungnahme. Der Ombudsmann hat, selbst als Vizepräsident des Bundessozialgerichts, nicht viel Erfahrung sammeln können im Umgang mit derartigen *Fernsehinterviews*. Mehrmals und ausführlich entschuldigt er sich vor laufender Kamera für das Missgeschick. In dem fertigen Fernsehbeitrag wirkt dieses Verhalten jedoch ein wenig linkisch und erweckt den Eindruck, die Bahn sei bei einem schweren Vergehen auf frischer Tat ertappt worden. Für die Zukunft erkennt Krasney: Fehler öffentlich eingestehen, aber kurz und knapp erklären: »Fehler passieren allen Menschen. Es tut uns leid. Wir haben uns entschuldigt. Es wird nicht wieder vorkommen.« Und damit ist es dann auch gut.

Ein Ombudsmann muss schnell lernen, mit der Presse umzugehen. So gewöhnt Krasney sich an, immer rasch auf den Punkt zu kommen und auf eine genaue Begründung zu verzichten. Nach einem Interview fragt er den Journalisten jedes Mal: »Was habe ich gut gemacht? Was habe ich falsch gemacht?« Die Fernsehreporter erweisen sich meistens als hilfreich, geben dem Ombudsmann viele Tipps und machen seine Arbeit in der Öffentlichkeit bekannt. Dies wiederum führt dazu, dass er von TV-Journalisten gern angesprochen wird. Als Jurist ist er es gewohnt, sich sehr präzise auszudrücken. Dieses Talent hilft ihm im Umgang mit der Presse. Allerdings neigt er, wie viele Juristen, dazu, immer alle Eventualitäten und möglichen anderen Sichtweisen zu berücksichtigen. Journalisten brauchen hingegen Eindeutiges. Sie suchen nach dem knackigen, sendefähigen Zitat. Das führt am Anfang für Krasney zu Verwirrung und Missverständnissen. Später macht es ihm nichts mehr aus, bei Missverständnissen und vor allem bei unberechtigten Vorwürfen auch einmal etwas stärker zu formulieren, als es sonst seine Art ist.

Auch im Hinblick auf *Aktualität* lernt Krasney hinzu: Das Bundessozialgericht veröffentlicht schon einmal eine Pressemeldung, die sich auf ein Urteil bezieht, das ein halbes Jahr zurückliegt. Für die Journalisten ist das abgestanden und damit unbrauchbar. Bei seinen ersten Statements vor der Presse als Ombudsmann hat Krasney nicht immer bedacht, dass Journalisten einen aktuellen Aufhänger brauchen. Über bereits geleistete Hilfen sollte allgemein berichtet, dabei von den jüngsten Fällen ausgegangen und ihre Bedeutung an Hand von (anonymisierten) Fällen geschildert werden. Später machte es ihm keine Probleme mehr, mit kleinen Kniffen für seine Anliegen Aktualität herzustellen.

Ganz überwiegend berichten Rundfunk, Fernsehen und die Presse seriös und helfen, die Arbeit des Ombudsmannes in der Öffentlichkeit bekannt zu machen. Dies hilft, Verständnis für die Anliegen des Ombudsmannes zu wecken und stärkt seine Stellung im Interesse der Betroffenen.

Die Hektik des Medienbetriebes führt dazu, dass auch bei seriösen Zeitungen Recherchefehler und Missstimmungen auftauchen. In einem Artikel in einem großen, überregionalen Blatt hatte Krasney nicht verheimlicht, dass anfangs Fehler passiert waren und als Beispiele die Frankierung mit ICE-Stempel, Werbeschreiben für die Bahncard an Opfer und die einmalige Formulierung »...ich freue mich« angeführt. Ohne diese Beispiele zu nennen, schrieb daraufhin eine überregionale Zeitung, Krasney habe Fehler eingestanden und damit ein menschlich schlechtes Verhalten zugegeben.

Krasney ist enttäuscht: Die Journalistin hätte zumindest die Fehler anführen müssen, die in dem Gespräch mit ihr ausführlich dargelegt und mit den Ursachen geschildert wurden, denkt er.

Wer bei Fehlern in der *Berichterstattung* überreagiert, macht die Sache allerdings noch schlimmer. Stattdessen ist es gerade für einen Ombudsmann besser, den Redakteur, der den Fehler gemacht hat, anzurufen und ihm ruhig und sachlich zu erklären, was nicht stimmt. Wenn es sich nicht um eine gravierende Sache handelt, verzichtet der Ombudsmann auf eine sofortige Richtigstellung. Er stellt die Sache einfach bei nächster Gelegenheit richtig.

Die Auftritte im Fernsehen und in den Zeitungen und Zeitschriften helfen dem Ombudsmann bei seiner Arbeit. Viele Stellen und Menschen, die er anspricht und um Hilfe bittet, kennen ihn aus den Medien – aus Fernsehinterviews oder aus einem Zeitungsportrait. Auch die Betroffenen fassen leichter Vertrauen zu ihm, weil er ihnen schon bekannt vorkommt. Als er einmal bei einer Bank anruft, um sich für eine Ehefrau ohne Kontovollmacht einzusetzen, sagt ihm der Filialleiter am Telefon: »Ach, sie kenne ich doch!«. Der Mann hatte ihn im Fernsehen gesehen. Ein guter Ombudsmann muss über die Massenmedien mit der Öffentlichkeit kommunizieren können. Geheimniskrämerei und Öffentlichkeitsscheu sind für die Aufgabe eines Ombudsmannes kontraproduktiv.

Wie sollte der Ombudsmann sich in der Öffentlichkeit darstellen?

1. Ein Ombudsmann muss pressefreundlich sein. Er sollte für Journalisten jederzeit ansprechbar sein und Interviews geben. Sie helfen ihm, den Betroffenen und der Öffentlichkeit seine Arbeit bekannt zu machen. Dies öffnet ihm Türen für die Unterstützung der Opfer und sichert das Verständnis für die Anliegen der Betroffenen.

2. Er darf auf kleine Fehler in der Berichterstattung

nicht überreagieren. Journalisten machen Fehler.
Wenn diese nicht allzu dramatisch sind, ist es besser, die falsche Darstellung im nächsten Interview
zu korrigieren, statt durch überzogene Proteste Un-
mut zu erzeugen.

3. Der Ombudsmann muss lernen, sich knapp, in kur-
zen Sätzen und prägnant auszudrücken, damit seine
Botschaften im Fernsehen die Zuschauer auch erreichen.

4. Der Ombudsmann muss das Informationsbedürfnis
der Presse verstehen – und wissen, nach welchen
Kriterien Journalisten Nachrichten auswählen. Für
seine Arbeit muss er also stets einen aktuellen, in-
teressanten Aufhänger finden. So kann er die Medien nutzen, um in der Öffentlichkeit für die Betroffenen präsent zu sein.

Der Ombudsmann hat natürlich nicht nur über die Medien
Kontakt mit den Betroffenen. Oft greift er selbst zum Hörer.
Viele Hinterbliebene wollen einfach nur reden. Eine ältere
Dame erzählt ihm, dass sie mit der Schwiegertochter ihres
verstorbenen Sohnes nicht auskommt. Sie berichtet ihm dabei von der Schulzeit ihres Sohnes, seinem Leben und seinen Erfolgen. Sie hat keine konkrete Forderung, aber das Reden tut ihr gut. Andere lehnen das Hilfsangebot des Ombudsmannes ab. »Danke. Wir sind versorgt«, sagen sie auf
Nachfrage. Eine solche Haltung hat der Ombudsmann zu
respektieren. Er macht aber stets deutlich, dass man ihn jederzeit anrufen oder anschreiben könne. Manchmal brauchen Opfer und Hinterbliebene einige Zeit, bevor sie sich
eingestehen, dass sie Hilfe benötigen.

Auf die Hinterbliebenen kommen die Kosten für die Be-
stattung zu. Der Ombudsmann vereinbart mit ihnen, dass
die Rechnungen der Beerdigungsunternehmen direkt an die
Bahn geschickt werden. Die meisten Hinterbliebenen akzeptieren die Regelung. Eines Tages jedoch ruft ein Hinterblie-

bener an: »Ich habe gerade festgestellt, dass die Bahn den Kranz für das Grab meiner Frau bezahlt hat. Dies ist doch mein letzter Gruß an sie. Den will ich selbst bezahlen.« Natürlich konnte der Ombudsmann nicht mühevoll die Rechnung des Bestattungsunternehmens auseinander nehmen, um die Kosten für den Kranz herauszuziehen. Er schlägt dem Mann vor, das Geld für einen Kranz stattdessen einem wohltätigen Zweck zu spenden.

In der Hektik der ersten Tage passieren Fehler. So schickte die Bahn Werbung für die BahnCard an die Anschrift eines Toten. Der Mann war auf der Liste der Opfer nicht aufgetaucht. Das reißt die Wunden der Hinterbliebenen erneut auf. Der Ombudsmann klärte das Versehen auf: Noch an der Unglücksstelle hatte ein Angehöriger des verstorbenen Opfers seinen Namen und Adresse einem Polizisten mitgeteilt, weil er glaubte, für die nächste Zeit Ansprechpartner zu sein. Die Polizei hielt jedoch die Angaben über den Angehörigen für Angaben über das Opfer. Die Bahn hatte zwar die Adressen aller Opfer aus ihrer Datei für jegliche Informationsbriefe gestrichen, war hier aber dem Irrtum aufgesessen. Der Ombudsmann erklärt den Irrtum und entschuldigt sich sogleich bei den Angehörigen.

Der Ombudsmann sollte wissen, dass die Umstände eines Massenunglückes unvermeidlich zu Pannen führen. Wichtig ist es deshalb, *Fehler* soweit wie möglich zu vermeiden, sie aber, wenn sie geschehen, zuzugeben und sich bei den Betroffenen zu entschuldigen – statt nur auf das Versagen anderer zu verweisen. Die meisten Menschen haben dann Verständnis. Dies gilt besonders dann, wenn man den Betroffenen erklärt, wie es zu einem Missverständnis gekommen ist.

Die erste Zeit nach seiner Berufung ist der Ombudsmann viel unterwegs. Er besucht sowohl Hinterbliebene zu Hause als auch Verletzte in den Krankenhäusern und wird zu Hilfe gerufen, wenn diese nicht mehr weiter wissen.

Zum Beispiel ruft ihn eine Mutter an, deren spastisch gelähmte Tochter seit dem Unglück einen Splitter in der Lunge hat. Die Ärzte im Krankenhaus hatten der Mutter ein Röntgenbild gezeigt, auf dem sie den Splitter erkennen konnte. Nach einer Operation hatte ihr dann der Arzt auf einem zweiten Röntgenbild die Narben im Lungengewebe erklärt und ihr gesagt, im nächsten Röntgenbild würden weitere Besserungen des Krankheitsbildes zu erkennen sein. Nun liegt aber die Tochter in einer anderen Klinik zur Nachbehandlung. Die Ärzte dort weigern sich, der Mutter das neue Röntgenbild zu zeigen. »Das können Sie sowieso nicht beurteilen«, sagt ihr die Oberärztin. Krank vor Sorge, dass man ihr etwas verheimlichen wolle, wendet sich die Frau an den Ombudsmann. Auch dies gehört zur umfassenden Aufgabe eines Ombudsmann: Es geht ihm um die psychosoziale Betreuung der Opfer und ihrer nahen Angehörigen.

Also macht sich der Ombudsmann auf nach Norddeutschland in die Klinik, um mit den Ärzten zu sprechen. Im Foyer des Krankenhauses trifft er einen Mann, den er als Eschede-Opfer namentlich bereits kannte, ihn aber nun persönlich kennen lernt. Die beiden unterhalten sich. Plötzlich kommt die Oberärztin auf ihn zugestürmt. »Ich verbiete Ihnen, mit den Patienten zu sprechen«, schimpft sie. »Ich weiß genau, wer sie sind!« »So, wer denn?« »Sie sind der Mann von der Ombudsversicherung und wollen die Patienten um ihre Entschädigungen bringen.«

»Hören Sie«, antwortet Krasney scharf, »bringen Sie mich auf der Stelle zu Ihrem Chef – oder Sie werden sich viel Ärger einhandeln.« Die Ärztin zögert. Schließlich gibt sie nach. Kurz darauf steht der Ombudsmann im Büro des Chefarztes. Auf dessen Schreibtisch liegt gerade ein medizinisches Lehrbuch, an dem Krasney als Jurist mitgewirkt hat. Nach wenigen Minuten sind die Missverständnisse aus dem Weg geräumt. Aber wegen der Uneinsichtigkeit einer einzigen Ärztin war der Ombudsmann einen ganzen Tag unterwegs.

Einmal steht der Ombudsmann fassungslos vor einer anderen Situation. Eine ältere Dame lebte mit einem etwa gleichaltrigen Mann zusammen. Die beiden waren nicht verheiratet. Kurze Zeit vor dem Unglück hatte die Frau ihre eigene Wohnung aufgegeben und war mitsamt ihrem Hab und Gut in die Eigentumswohnung ihres Lebensgefährten eingezogen. Der Mann kam bei dem Unfall ums Leben, die Frau wurde schwer verletzt. Der Ombudsmann besucht sie im Krankenhaus. »Bitte, lassen Sie bei mir zu Hause die Blumen gießen und einmal wöchentlich Staub wischen«, bittet ihn die Frau. Die Nachbarn, die es bisher taten, sollten nicht länger damit belästigt werden. Der Ombudsmann will das arrangieren und erfährt: Die Erben des Mannes haben die Möbel der Frau aus dem Haus geräumt, irgendwo untergestellt und die Wohnung verkauft. Die schwer verletzte Frau hat nicht nur ihren Lebensgefährten, sondern auch ihr Zuhause verloren. Der Ombudsmann vermittelt eine neue Wohnung, damit die Dame nicht nach ihrem Klinikaufenthalt auf der Straße steht. Für die Ersteinrichtung vermag er aus seinem Fonds zu sorgen.

Manche Menschen bewältigen ihre Trauer, indem sie sich mit aller Kraft in ein besonderes Anliegen stürzen. Dazu gehört der Fall jener Eltern, die für die postume Promotion ihres einzigen Kindes kämpfen, das beim Unglück ums Leben gekommen war. Die Promotion hatte unmittelbar bevorgestanden, die Doktorarbeit war bereits eingereicht. Nur die so genannte Verteidigung der Arbeit, also die mündliche Prüfung, steht noch aus. Erfahrungsgemäß fällt in diesen Prüfungen kein Kandidat mehr durch. Die Eltern wollen erreichen, dass postum der Doktortitel anerkannt wird und wenden sich an den Ombudsmann. Formal ist das nicht möglich, aber der Ombudsmann stößt zunächst bei seinem Gespräch mit der Universität auf Verständnis. Schließlich ist damit niemandem geschadet. Doch dann geht alles schief: Die Eltern schalten parallel den Kultusminister ein; der interveniert. Das berührt das Selbstverständnis der Universität: In Promotionsverfahren darf sich der Minister nicht einschalten. Die Universität zuckt zurück, weil sie keinen Präzedenzfall schaffen will. Beide Seiten sind in einer Sackgasse gelandet. Der Streit um die Anerkennung des Doktortitels ist den Eltern zum Lebensinhalt geworden – eine Art, ihre Trauer zu bewältigen. Es handelt sich um einen Weg, vor dem Psychologen warnen, denn die Trauer findet so kein Ende.

Sabine Groeben, die Leiterin des damaligen *Psychologischen Dienstes der Bahn*, hat Führungskräfte der Bahn auf Besuche in Kliniken und Trauerhäusern vorbereitet. Ähnliche Besuche hat der Ombudsmann absolviert.
Sie hat drei Regeln für das Verhalten bei solchen Besuchen aufgestellt:

1. Man muss Trauer und Kummer aushalten können – auch dann, wenn man unmittelbar nicht helfen kann. Führungskräfte werden oft daran gemessen, wie tatkräftig sie sind. Ihre Mitarbeiter und die Öffentlichkeit erwarten von ihnen, dass sie stets eine Lösung für ein Problem parat haben. Es fällt ihnen sehr schwer, vor Menschen zu stehen, denen sie in ihrem Schmerz und ihrer Verzweiflung nicht helfen können.

2. Hilfe, die man anbietet, muss ernst gemeint sein. Und sie sollte individuell sein. Viele Politiker werden oft als »Blumenabwerfer« wahrgenommen, als Menschen, die nicht zuhören, denen das Einzelschicksal egal ist. Dabei sind die Wünsche der Betroffenen sehr unterschiedlich: einer will vielleicht die jüngste Ausgabe der Auto-Bild, ein anderer wünscht sich einen CD-Player, auf dem er seine Lieblingsmusik hören kann, ein dritter hat Hunger auf einen Big Mac. Nur wer individuell auf die Bedürfnisse eingeht, erringt das Vertrauen der Opfer.

3. Zusagen einhalten. Auf gebrochene Versprechen

> reagieren Opfer und Hinterbliebene empfindlich,
> sie hören oft sehr genau hin und merken sich jede
> Zusage. Schnell ist Vertrauen verspielt, wenn eine
> Zusage nicht bald erfüllt wird.

Natürlich kann der Ombudsmann nicht in allen Fällen persönlich eingreifen. 101 Menschen sind in Eschede ums Leben gekommen und über 105 weitere verletzt worden. Hätte Krasney alle Familien der Hinterbliebenen und alle Verletzten besucht, wäre er wohl ein Jahr unterwegs gewesen – und hätte in dieser Zeit nichts anderes bewirken können. Der Ombudsmann beschränkt sich deshalb darauf, nur diejenigen Gruppen und Betroffenen zu besuchen, die ihn ausdrücklich darum bitten oder bei denen er spürt, dass es notwendig ist. Das Angebot eines Besuchs geht ohnehin an alle. Das wurde von vielen Betroffenen übersehen, die später beklagten, der Ombudsmann habe sie nicht unaufgefordert besucht.

Eugenie Kretschmer, Krasneys engste Mitarbeiterin, muss oft lange Gespräche und Telefonate führen, um den Besuch vorzubereiten. Sie muss trösten, Anfragen beantworten, bei Beschwerden den ersten Zorn abfedern und mit dem Ombudsmann gemeinsam Abhilfe suchen.

> *Reden mit den Opfern: Das Gespräch mit Hinterbliebenen und Verletzten*
> Das Gespräch ist eine wertvolle Hilfe für die Betroffenen, um Schmerzen, Trauer und Verlust zu verarbeiten. Gerade bei Unfällen mit vielen Verletzten und Hinterbliebenen ist es nicht möglich, alle Betroffenen persönlich aufzusuchen. Hier muss der Ombudsmann die Hilfen zunächst in einem Brief anbieten und auf Anfragen im Einzelnen reagieren. Hätte der Ombudsmann versucht, alle Hinterbliebenen und die weit über einhundert Schwerverletzten zu besuchen, so hätte er

bei den sehr weit voneinander entfernten Wohnorten mehr als ein Jahr benötigt, ohne auch nur einen Tag in seinem Büro sein zu können.

Er brauchte aber auch Zeit für sehr wichtige Gespräche mit der Bahn, mit den Versicherungen und ebenso mit vielen Krankenhäusern, Rehabilitationseinrichtungen und vor allem mit denen, die Soforthilfe in besonderen Notlagen bedurften.

Der Ombudsmann erkannte bald, dass diejenigen, die einen Kontakt zunächst eindeutig ablehnten, sich später über den mangelnden Kontakt beklagten. Deshalb sollte er den Kontakt auch suchen, wenn sich die Betroffenen zunächst verschlossen zeigen. Dabei gilt es, eine Balance zu finden, um nicht aufdringlich zu wirken.

Beim Gespräch ist das Zuhören das Entscheidende – es ist viel wichtiger als selber zu reden. Ein Betroffener möchte spüren, dass sein Gesprächspartner erkennt und darauf eingeht, wie sehr seine Leiden, Schmerzen und die Trauer fortdauern.

Wer gedankenlos sagt »Na, ihnen geht es ja schon viel besser!«, erweckt bei den Betroffenen den Eindruck, man fühle nicht mit. Also ist es besser zu fragen: »Wie geht es Ihnen?«

Die Betroffenen wünschen sich meistens sofortige Antworten auf Ihre Fragen. Aber nicht immer kann der Ombudsmann das leisten. Er muss erklären, warum er sich noch mit wem und weshalb besprechen muss und sollte einen Zeithorizont für die Klärung festlegen. Das mindert, wenn es eindeutig ohne Ausweichen vermittelt wird, nicht das Vertrauen in den Ombudsmann.

Der Ombudsmann für die Opfer von Eschede ist von der Bahn berufen. Für den Ombudsmann ist aber klar: Wer einen anderen Ansprechpartner außerhalb der Bahn sucht, darf durch die Kosten nicht davon abgehalten werden. Er bietet deshalb allen Opfern an, sich auf Kosten der Bahn an einen unabhängigen Rechtsanwalt zu wenden. Nicht alle Fragen können die Betroffenen nämlich mit dem Ombudsmann besprechen. Zudem mögen einige zögern, vertrauliche Informationen – vor allem solche, die den Anspruch auf Schadensersatz mindern könnten – mit dem Ombudsmann zu besprechen. Der Anwalt ist vor Ort und gibt in diesen Fällen Rat. Er kann zum Beispiel die für Schadensersatzansprüche erforderlichen Unterlagen sammeln und sichten sowie berechtigte und unberechtigte Ansprüche herausfiltern. Somit hat auch das betroffene Unternehmen einen Vorteil davon: Es hat einen sachkundigen und für die Opfer engagierten Ansprechpartner, mit dem es rechtliche Fragen auf sachlicher Ebene klären kann.

3. Kapitel:
Hilfe für die Verarbeitung
des psychischen Traumas

In den ersten Wochen kümmert sich der Ombudsman um die Probleme, die unmittelbar nach der Katastrophe angefallen sind. Vielfach geht es um praktische Fragen, bei denen sich relativ rasch helfen lässt. Schon mit kleinen Geldsummen aus seinem Fonds oder indem er schneller Entschädigungsleistungen durch die Haftpflichtgruppe der Bahn vermittelt, kann er Schwierigkeiten aus dem Weg räumen. Oftmals genügt ein Anruf.

Einige Wochen nach dem Unglück tritt die Soforthilfe naturgemäß in den Hintergrund. Viele der Opfer und Hinterbliebenen werden sich nun erst ihres Schicksals voll bewusst, erkennen die Tragweite des Geschehenen. Sie erleben plötzlich, wie sehr sie ihre Angehörigen vermissen. Sie realisieren, dass sie womöglich den Rest ihres Lebens mit einer Behinderung leben müssen. Sie machen sich Vorwürfe, überlebt zu haben, während andere gestorben sind. Experten sprechen von der Einwirkungsphase des Traumas.

Für Krasney war von Anfang an klar gewesen: Eine der wichtigsten Aufgaben des Ombudsmannes wird die Organisation der psychologischen Behandlung und der psychosozialen Nachbetreuung der Opfer sein. Bisher hat es so etwas in Deutschland noch nie in diesem Ausmaß nach einem Unfall gegeben. Dieses umso mehr, als Opfer und Hinterbliebene im ganzen Land verstreut leben.

Der für die wissenschaftliche Begleitung engagierte Kölner Psychotraumatologe Professor Dr. *Gottfried Fischer* und sein Team haben folgende Erfahrung gemacht: Etwa ein Drittel der Opfer eines Massenunfalles kommt mit den seelischen Folgen des Erlebnisses selber zurecht. Diese Menschen stehen natürlich zunächst unter Schock und müssen das Grauen verarbeiten. Ihnen gelingt es aber, sich selbst zu heilen. Die »Selbstheiler« wie Fischer sie nennt, brauchen nichts weiter als Ansprechpartner, einige einfache Hilfestellungen und etwas Zeit. Eine zweite, etwa ebenfalls ein Drittel große Gruppe, nennt Fischer die »Wechselgruppe«. Ihnen ist mit einer Einzel- oder Familienberatung von rund zehn Stunden gedient, damit sie in der Lage sind, das Unfallgeschehen zu verarbeiten. Das letzte Drittel ist die »Risikogruppe«. Diese Menschen tragen so sehr an ihren Erlebnissen, dass sie nicht mehr in der Lage sind, ihren Alltag zu bewältigen. Oft kommen dann noch Kränkungen, Beschuldigungen und das Gefühl, unverstanden zu sein, hinzu.

Diese Menschen leiden unter so genannten *Nachhallerinnerungen*. Wenn zum Beispiel jemand das Wort »Zug« erwähnt, bricht bei ihnen der Schweiß aus, flattert das Herz, zittern die Knie, der Kopf scheint ihnen zu platzen und sie sehen vor ihrem geistigen Auge wie in Zeitlupe die Sekunden des Unglücks noch einmal an sich vorüberziehen.

So geht es einer Mutter, die in den Trümmern des ICE eingeklemmt war. Immer wieder erlebt sie die Situation: wie sie hilflos und schwer verletzt daliegt, wie sie die Hand ihres kleinen Kindes hält, wie sie spürt, dass die Kälte und die Starre des Todes in diese Hand kriechen. Manche traumatisierten Patienten stehen unter einem Zwang: Immer und immer wieder müssen sie von dem Unglück erzählen. Sie kommen nicht davon los.

Am Anfang hat die Familie, haben Verwandte, Freunde, Arbeitskollegen Verständnis. Dieses schwindet jedoch mit der Zeit. Diejenigen, die nicht beteiligt waren, können es bald nicht mehr hören. »Wir wissen, dass es schrecklich für dich war«, sagen sie, »aber das Leben geht weiter.« Für die Traumatisierten geht das Leben aber nicht so weiter wie bisher. Sie können nicht einfach vergessen, nicht Abstand zu ihrem Schicksal gewinnen, es nicht ausreichend verarbeiten.

Sie bekommen stattdessen das Gefühl: »Die anderen verstehen mich nicht!« und ziehen sich von ihren Freunden und Verwandten zurück. Die Isolation verschlimmert ihre Lage weiter. Viele können nicht schlafen. Sie haben Angst und trauen sich nichts mehr zu. Manche gehen überhaupt nicht mehr aus dem Haus, andere weigern sich, eine Straßenbahn, ein Auto, eine Rolltreppe zu benutzen. Traumabetroffene schrecken bei der kleinsten Störung zusammen. Das autonome Nervensystem, das die vitalen Überlebensfunktionen regelt, befindet sich in ständiger Alarmbereitschaft. »Es ist, als wenn ein Automotor auf Hochtouren läuft, ohne dass ein Weg zurückgelegt wird«, sagt Professor Gottfried Fischer. Damit ist klar: Diese Betroffenen, gleich ob Verletzte oder Hinterbliebene, brauchen dringend eine psychotherapeutische Behandlung.

Der Ombudsmann erkennt immer stärker: Eine Katastrophe wie das Unglück von Eschede hinterlässt nicht nur körperliche Wunden. Auch die Seelen werden verletzt. Und zwar, wie er gleich vermutet, nicht nur die Seelen derer, die selbst im Zug saßen, sondern auch die der Angehörigen und Hinterbliebenen. Diese Erkenntnis bestätigt ihm später Professor Fischer mit Ergebnissen der empirischen Forschung.

Hilfe zu organisieren, um die Seelen der Betroffenen zu heilen, ist deshalb eine der größten und wichtigsten Herausforderungen für einen Ombudsmann nach Massenunglücken.

Der normale Traumaverlauf

Schockphase: Die Betroffenen sind verwirrt, sie wissen nicht, wo sie sind, können sich an ihren Namen, ihre Telefonnummer und andere persönliche Daten nicht erinnern. Ihre Atmung ist flach, die Hautfarbe bleich, ihr Blick benommen. Diese Phase kann von einer Stunde bis zu einer Woche dauern.

Einwirkungsphase: Die stärkste Erregung ist abgeklungen. Die Betroffenen sind von Hoffnungslosigkeit und Ohnmachtsgefühlen geplagt, Selbstzweifel nagen an ihnen, immer wieder erzählen sie von den Vorfällen, wie unter Zwang. Sie können nicht einschlafen, konzentrieren sich schlecht, schrecken bei der kleinsten Störung auf, Albträume plagen sie. Sie machen sich Vorwürfe, überlebt zu haben. In schweren Fällen werden sie von Todessehnsucht heimgesucht. Diese Phase kann bis zu zwei Wochen anhalten.

Erholungsphase: Nach zwei bis vier Wochen, im natürlichen Verlauf, klingen die Symptome des Traumas ab. Die Betroffenen beginnen, das Leben wieder etwas optimistischer zu sehen, schmieden Zukunftspläne. Die Erinnerung wird nicht mehr von dem Geschehnis beherrscht und neue Energien werden frei. Natürlich ist das Traumageschehen noch präsent, aber es verstellt nicht mehr den Blick nach vorn.

Tritt die Erholungsphase auch nach vier Wochen noch nicht ein, versagen die Selbstheilungskräfte der Seele. Dann benötigen die Betroffenen professionelle Hilfe.

(nach: Prof. Dr. *Gottfried Fischer*: Neue Wege aus dem Trauma. Hinweise und Anleitungen zur Unterstützung der Selbstheilungskräfte, Walter-Verlag 2003)

Von Anfang an sind die Psychologen der Bahn daran beteiligt, sich um die Opfer zu kümmern. *Sabine Groeben* leitet die psychologische Abteilung der Deutsche Bahn Gesundheitsservice GmbH, die zum Zeitpunkt des Unglücks Psychologischer Dienst hieß. Sie ist am Unglückstag selbst im ICE unterwegs und gerade im Bahnhof Berlin-Zoologischer Garten angekommen, als ihr Handy klingelt. Es meldet sich Personalvorstand Dr. Föhr. »Haben Sie von dem Unglück gehört« »Ich weiß von nichts. Ich bin gerade erst hier in Berlin angekommen.« Föhr berichtet, was man bisher weiß: Das Ausmaß der Katastrophe kann er noch nicht einschätzen. »Es ist wohl besser, wenn ich mich sofort auf den Weg dorthin mache«, sagt Groeben. »Das sehe ich auch so«, bemerkt Föhr.

Im Zug zurück Richtung Hannover trifft die Psychologin auf eine Zugbegleiterin, die in Tränen ausbricht. Viele Bahnmitarbeiter sind von dem Ereignis geschockt. Sie waren stolz gewesen auf den ICE. Ein Unglück von dieser Dimension schien ihnen undenkbar.

In Eschede trifft sich Groeben mit einer Kollegin des Psychologischen Dienstes, die in Hannover stationiert ist. Gemeinsam fahren sie zur Unglücksstelle. Doch was sollen sie hier tun? Den Verletzten können sie jetzt nicht helfen. Die körperliche medizinische Versorgung geht vor. Im Laufe des Abends treffen jedoch Angehörige ein. Sie suchen verzweifelt nach ihren Lebenspartnern, ihren Kindern oder Geschwistern. Diese werden von Groeben und ihrer Kollegin betreut.

In den über zwei Jahren darauf arbeiten die Bahnpsychologen eng mit dem Ombudsmann zusammen. Sie bemühen sich dabei, nicht selbst einzugreifen, sondern die Arbeit durch frei praktizierende Psychologen erledigen zu lassen – so sind sie weniger dem Verdacht ausgesetzt, parteiisch zugunsten der Bahn zu sein.

Etwa drei Monate nach dem Unglück beginnen der Ombudsmann und sein Team – zu denen auch Psychologinnen und Psychologen gehören – *therapeutisch betreute Gruppen* einzurichten. Diese Gruppen sollen eine erste Möglichkeit sein, die Betroffenen psychologisch und psychosozial zu betreuen. »Menschen, die psychologische Unterstützung brauchen, sollen möglichst schnell und einfach Hilfe finden.« Die Gruppen senken die Hemmschwelle für einen Kontakt mit einem Psychiater oder Psychologen. Bei manchen Menschen, die der Ombudsmann anspricht, stößt er nämlich auf Angst, sich in psychotherapeutische Behandlung oder psycho-soziale Betreuung zu begeben. Das liegt auch daran, dass viele Verunglückte und Hinterbliebene selbst nicht erkennen, wie groß ihre Traumatisierung ist. Gelegentlich merken dies selbst deren Ärzte nicht.

Ihre Arbeit nehmen die Gruppen im Januar 1999 auf. Die Experten hielten das für sinnvoll, da in der Fachliteratur empfohlen wird, die Betroffenen nicht zu schnell in Gruppen zusammenzuführen. Später erkannte man: Es wäre sinnvoll gewesen, etwas früher zu beginnen, weil so der traumatische Prozess und die Zuteilung zu den Gruppen besser hätte gesteuert werden können.

Da jedoch noch einiges organisiert werden musste, hätte man sehr viel eher jedoch nicht starten können.

Manchmal sind es die Verwandten, die von einer Therapie abraten oder Angst machen – und in einigen Fällen sogar Ärzte. So wird Krasney von einer Frau berichtet, die ihren Sohn in eine der therapeutisch begleiteten Gruppen schicken wollte. Der Junge im Pubertätsalter war bei dem Unfall schwer verletzt worden. Der behandelnde Chirurg riet ihm mit der Bemerkung ab, wenn er erst einmal bei Psychologen sei, bleibe er bei seinen Freunden für immer ausgegrenzt.

Manche brauchen Zeit, bevor sie einsehen, dass sie professionelle Hilfe benötigen. Der Ombudsmann macht deutlich, dass das Angebot einer psychotherapeutischen Behandlung fortbesteht, auch wenn jemand es zuvor abgelehnt hat. Einige Opfer und Hinterbliebene brauchen zwei Jahre, bis in ihnen endlich die Einsicht und der Mut gereift sind, eine Therapie einzugehen.

Die meisten Opfer und Hinterbliebenen leben in Süddeutschland, vor allem in Bayern. Dort werden also die meisten Gruppen eingerichtet. Schnell ist klar, dass Hinterbliebene und Verletzte nicht in einer Gruppe zusammengeführt werden können.

Verwandte und Partner von tödlich Verunglückten wollen oft wissen: Mussten die Opfer leiden? Wie lange dauerte ihr Todeskampf? Was haben sie in ihren letzten Minuten, eingeklemmt und hilflos, empfunden? Oder waren sie gleich erlöst?

Die Überlebenden hingegen lernen, genau diese Erinnerungen endgültig zu verarbeiten. Sonst droht ihnen eine *Retraumatisierung*. Erst später, in einer Therapie, können sie behutsam ihre Erinnerungen überwinden. Die Konfrontation mit fragenden Angehörigen in einer Gruppe reißt neu die Wunden auf und lässt sie nicht zur Ruhe kommen.

Jede Gruppe wird von mindestens zwei Traumatologen betreut. In einigen Fällen waren Verletzte von den Erzählungen anderer so schockiert, dass sie für gar keine Hilfe mehr offen waren. Bald taucht ein Problem auf: Es gibt nur wenige traumatologisch erfahrene Psychotherapeuten. Die gilt es zu finden; und sie müssen auch noch Zeit haben, die Gruppen zu betreuen. Die Psychologen der Bahn sitzen zusammen, überlegen, wen sie ansprechen können. In ganz Deutschland gibt es lediglich rund 500 *Traumatherapeuten*. Die Bahnpsychologen kennen natürlich Kollegen, die selbst geeignet sind oder Ansprechpartner nennen können. Schließlich kommen 16 Gruppen zusammen, in denen sich meist zwischen sechs und acht Personen zunächst alle zwei Wochen, später monatlich treffen. Außerdem kommt man gelegentlich zu gemeinsamen Wochenenden zusammen. Die Aufgabe der jeweils mindestens zwei Betreuer ist es, die Treffen zu organisieren, zu überwachen und zu erkennen, wann ein Teilnehmer eine Einzeltherapie benötigt.

In der Gruppe der Hinterbliebenen erwarten der Ombudsmann und sein Team vor allem Eltern und Lebenspartner. Erst später stellt er fest, wie sehr auch Geschwister unter dem Verlust leiden. Die psychischen Belastungen treten bei ihnen mit Verzögerung auf, weil sie oft zunächst ihren Eltern eine Stütze sein wollen. Dies kann eine schwere Last sein. Sie fragen sich offen oder stillschweigend: Warum lebst du, und dein Bruder oder deine Schwester ist tot? So werden auch besondere Wochenenden für hinterbliebene Geschwister durchgeführt.

Die Erfahrungen mit den Gruppen sind ermutigend. Die beauftragten Psychotraumatologen leisten gute Arbeit.

Häufiges Thema in den Gruppendiskussionen sind *Schuldgefühle Hinterbliebener*. Ein Mann macht sich Vorwürfe, weil er seiner Tochter geraten hatte, mit dem Zug zu fahren. »Das Auto ist viel zu gefährlich«, hatte er ihr gesagt. Eine Mutter kann es nicht verkraften, dass sie ihr Kind aufgefordert hatte, ein bisschen durch den ICE zu laufen. Es starb in den Trümmern, die Mutter, die am Platz geblieben war, überlebte das Unglück.

In der Gruppenarbeit lernen die Teilnehmer, sich zu entspannen und ihre Erinnerung zunächst zu verdrängen. Anders als Film und Fernsehen oft suggerieren, ist nämlich die Verdrängung ein wichtiger erster Schritt der Traumabearbeitung. Nachhallerinnerungen überfallen die Opfer plötzlich, machen sie handlungsunfähig. Deshalb lernen die Teilnehmer psychologische Verfahren, mit denen sie die Erinnerung, wie mit einer Fernbedienung, wegzappen können. Erst später, unter der Anleitung eines Psychotherapeuten, schalten sie die Bilder wieder ein – um endgültig mit dem Erlebnis fertig zu werden.

Nicht alle Verletzten und Hinterbliebenen sind mit den Therapiegruppen zufrieden. Udo Bauch, einer der überlebenden Schwerverletzten, schreibt in seinem Buch »Zugunglück von Eschede überlebt«: »Auch die nach dem Unfall abgehaltenen Sitzungen in Gruppen mit Psychologen und Opfern hatten meiner Meinung nach eher Alibifunktion. Der Erfolg und Nutzen dieser Sitzungen ist für mich in Frage zu stellen. Auf die Sorgen und Nöte der vielen Verletzten, deren Angehörigen und der Hinterbliebenen wurde nicht sorgfältig genug eingegangen.«

Die meisten Teilnehmer waren zufriedener, was sich darin zeigt, dass die Gruppen noch viele Jahre fortbestanden, die Teilnehmer sich zum Teil heute noch treffen.

Der Ombudsmann und sein Team entschließen sich unter besonderer Beteiligung der leitenden Psychologin Sabine Groeben und ihrer Mitarbeiterin Edith Grzesitza nach einem halben Jahr – Ende 1998 – die psycho-soziale Betreuung wissenschaftlich begleiten zu lassen. Dafür setzt er sich mit Professor Dr. Gottfried Fischer in Verbindung, dem Direktor des *Institutes für Klinische Psychologie und Psychotherapie* der Universität zu Köln.

Fischer gilt als einer der führenden Traumaforscher in Deutschland. Bald stellt sich heraus: Es wäre sinnvoll gewesen, das Kölner Team schon früher einzubeziehen. Je früher ein Trauma erkannt und behandelt wird, desto größer sind die Heilungschancen und desto einfacher ist die Behandlung.

Nach etwa einem dreiviertel Jahr verfestigt sich das Trauma physiologisch. Dies bedeutet: In einigen Fällen sind dann vierzig bis fünfzig Stunden Therapie notwendig.

Zusammen mit seinen Mitarbeitern teilt Fischer die Opfer und Angehörigen in drei Gruppen ein. Dazu wurden alle Betroffenen auf Wunsch zu Hause besucht und persönlich beraten. Zur ersten Gruppe gehören die Selbstheiler. Sie kommen mit ihren Erlebnissen gut zurecht, weil sie zum Beispiel vorher nicht geschwächt waren, eine stabile Familie, gute Freunde, einen verständnisvollen Chef haben. Menschen, die dieser Gruppe angehören, ist meist mit einer Beratung geholfen. Sie können dank Entspannungsübungen, Verdrängungstipps und einem stabilen Umfeld wieder normal leben.

Die zweite Gruppe nennt Professor Fischer die Wechselgruppe. Wer zu ihr gehört, ist gefährdet, dass sein Trauma chronisch wird. Er braucht deshalb nicht nur eine Gruppenberatung, sondern einige Stunden individueller Therapie.

Die Angehörigen der Risikogruppe benötigen in der Regel eine fachspezifische ambulante *Psychotraumatherapie* durch erfahrene Spezialisten mit zwischen zehn und zwanzig Sitzungen. Im besten Fall sollte ihre Behandlung spätestens zwei bis drei Monate nach dem Ereignis beginnen. Etwa jeder zehnte bis jeder fünfte Patient, der zur Risikogruppe gerechnet wird, gilt als *Hochrisikofall*. Sie sind suizidgefährdet. Diese Patienten werden in Spezialkliniken stationär behandelt, zum Beispiel in den Alexianer Kliniken in Krefeld.

Aus Gründen des Datenschutzes leitet der Ombudsmann die Anschriften der Betroffenen nicht an das Institut der Universität Köln weiter. Er schreibt einen Brief an alle Opfer und informiert sie darin über die Arbeit der Traumatherapeuten aus Köln. Wer mit ihnen zusammenarbeiten will, kann dort anrufen oder schreiben. Eine Absage, das macht der Ombudsmann deutlich, ist nicht endgültig. Einige, die erst Bedenken haben, überlegen es sich später anders und setzen sich doch noch mit den Kölner Wissenschaftlern in Verbindung.

Lehren aus der psychosozialen Betreuung der Eschede-Opfer

1. Die psychosoziale Betreuung sollte nach etwa drei Monaten einsetzen. In der wissenschaftlichen Literatur wurde bisher von etwa sechs Monaten ausgegangen. Die Erfahrungen von Eschede zeigen jedoch, dass ein früherer Termin besser ist.
2. Wissenschaftliche Begleitung für Traumabehandlung sollte bereits kurz nach dem Unglück herangezogen werden. Erfahrene Traumatherapeuten können, wenn sie rechtzeitig hinzugezogen werden, einen Patienten stabilisieren, bevor sich ein Trauma verfestigt.
3. Eine Adress- und Telefonliste möglicher Traumatherapeuten sollte vorbereitet und Teil eines Krisenplans sein.
4. Die Betroffenen sollten Informationen über psychische Traumatisierung und Anleitungen zu eigenen Übungen erhalten, auch um die Selbstheilung zu fördern.

Ursprünglich hatten Professor Fischer und sein Team nur die Aufgabe, die Arbeit mit den Opfern wissenschaftlich zu begleiten. Doch das lässt sich nicht lange durchhalten. Die Traumaexperten werden zu klinischen Betreuern.

4. Kapitel:
Entschädigungen

Nach den ersten Wochen des Schmerzes und der Trauer beginnen einige Hinterbliebene und Verletzte über Schmerzensgeld und andere Entschädigungszahlungen nachzudenken. Als Ombudsmann ist Otto Ernst Krasney nicht unmittelbar für die Haftpflichtfragen zuständig. Er arbeitet jedoch ständig mit der Haftpflichtgruppe zusammen, mit der er sich mit seinen Mitarbeiterinnen und Mitarbeitern und den Psychologen regelmäßig zusammensetzt. Hierbei kommt ihm seine Erfahrung als Experte für Unfallversicherung am Bundessozialgericht zugute.

Anders als bei Straßenverkehrsunfällen wenden sich die Betroffenen jedoch beim Eschede-Unglück nicht an die Versicherungen, sondern direkt an die Deutsche Bahn. Sie sind sich nämlich sicher, dass das Unternehmen finanziell stark genug ist, für ihre Entschädigung aufzukommen. Außerdem hatte man ihnen eine unbürokratische Abwicklung zugesagt.

Der Ombudsmann hatte den Vorteil, dass er in persönlichem engen Kontakt mit der Haftpflichtgruppe der Bahn Problemfälle diskutieren und nach Lösungen suchen konnte.

Anfangs bereitet dabei die Arbeit der Haftpflichtgruppe einige Unannehmlichkeiten. Die Mitarbeiter waren es nicht gewohnt, mit einem Unfall dieser Größenordnung umzugehen. Einigen fehlte auch das Fingerspitzengefühl. Da gerät mancher Brief zu scharf, manche Formulierung klingt herzlos, manche Ablehnung, ja selbst manche Zusage wirkt schroff und bürokratisch. So beantragt ein Ehemann Schadensersatz für das goldene Armband seiner Frau, die bei dem Unfall ums Leben gekommen war. Die Bahn erstattete ihm 7.000 Mark. Sie zieht davon 93,80 Mark ab. Auf diesen Wert hatte ein Juwelier das Schmelzgold aus den Resten des Armbandes geschätzt, das der Mann zurückerhalten hat. »Leute, seid ihr des Wahnsinns«, mahnt der Ombudsmann. »Wisst ihr, wie elend sich der Mann fühlt, wenn er eine solche Mitteilung erhält? Welchen Schaden ihr anrichtet für die paar Mark?«

Der Vorstand der Bahn hat die klare Anweisung ausgegeben: Wir reagieren unbürokratisch. Darauf beruft sich der Ombudsmann jetzt. Ihm gelingt es, die Haftpflichtgruppe überwiegend mit neuen Mitarbeitern zu besetzen, die mehr Erfahrung und Fingerspitzengefühl haben.

Dennoch bleibt das Problem: Rechtlich, das weiß der Ombudsmann und Jurist, sind Schadensersatzfragen in Deutschland ein heikles Thema.

355 Verletzte und Hinterbliebene erheben Ansprüche auf Schadensersatz. Hinzu kommen Regressansprüche der Sozialversicherungsträger.

Nach dem Haftpflichtgesetz, das für die Bahn gilt, hat sie – ohne Rücksicht darauf, ob sie ein Verschulden trifft – die Kosten der Heilbehandlung und der Rehabilitation zu tragen. Unterhaltsansprüche von Hinterbliebenen waren nach diesem Gesetz (in der damaligen Fassung) nur mit einer monatlichen Rente bis zu höchstens 3.000 Mark zu erstatten. Das war zum Beispiel für die Witwe eines Ingenieurs, der eine gehobene Position innehatte und die drei Kinder zu versorgen hatte, kein voller Schadenersatz.

Eine höhere Rente und Schmerzensgeld waren danach den Opfern von Eschede nur dann zu zahlen, wenn der Bahn ein Verschulden an dem Unglück nachzuweisen war.

Für die Bahn stellte sich somit ein Problem: Wenn sie eine Entschädigung, wie sie normalerweise nur bei Verschulden üblich ist, akzeptiert – würde die Öffentlichkeit dies nicht als Schuldanerkenntnis ansehen? Andererseits: Falls sie die Ansprüche nicht derart regelt, müssen die Betroffenen jahrelang, vielleicht jahrzehntelang auf ihr Geld warten – so lange, bis die Schuldfrage vor Gericht endgültig geklärt ist.

Außerdem hätten die Betroffenen bei einem Zivilrechtsstreit ein Verschulden der Bahn nachzuweisen. Die immensen Kosten der erforderlichen Gutachten hätten die Kläger kaum tragen können, wie sich dann später bei den Strafverfahren auch zeigte.

Darunter würden die Opfer leiden und das Ansehen der Bahn natürlich auch.

Der Ombudsmann kann deshalb den Vorstand schnell davon überzeugen, dass die Bahn eine »Haftung wie bei Verschulden« akzeptiert, allerdings zunächst nicht von Schmerzensgeld spricht, sondern von einer »besonderen Zuwendung«. Intern heißt es allerdings rasch und später auch gegenüber den Betroffenen »Schmerzensgeld«.

Der Ombudsmann schreibt den Betroffenen und informiert sie über die Entscheidung. Dass aber trotz aller Bemühungen nicht alle Entwicklungen vom Ombudsmann voraussehbar sind, zeigt folgendes Beispiel: In einem Prozess über die Höhe des Schmerzensgeldes an Hinterbliebene machen die Kläger geltend, die Bahn hätte ihnen überhaupt noch kein Schmerzensgeld, sondern eben nur eine besondere soziale Entschädigung gezahlt, obwohl ihnen der Schmerzensgeldcharakter dieser Zahlung vom Ombudsmann eindeutig dargelegt worden war.

Aber nach der Entscheidung, Schmerzensgeld (wenn auch zunächst unter anderer Bezeichnung) zu zahlen, kommen neue Fragen auf: Wie hoch ist das Schmerzensgeld zum Beispiel für den Verlust eines Angehörigen? Wie hoch für den Verlust eines Beines? Oder für andere Verletzungsfolgen? Wie hoch für eine verletzte Seele, die jahrelang an Depression leidet?

Die deutsche Rechtssprechung ist im Vergleich zur Praxis in den Vereinigten Staaten von Amerika zurückhaltend. Für Verletzte orientiert sich die Bahn an den so genannten *Schmerzensgeldtabellen*, wie sie zum Beispiel der ADAC ausarbeitet. Dabei zahlt die Bahn in der Regel den oberen Wert.

Im Strafprozess bezeichnet dies Heinrich Löwen, der Vorsitzende der »Selbsthilfe Eschede«, später als nicht ausreichend. Einige Betroffene argumentieren, sie könnten nicht mit Verkehrsopfern auf den Straßen verglichen werden. Das sieht Krasney anders: Warum sollten Hinterbliebene über den Verlust eines Angehörigen oder Verletzte durch einen Autounfall auf der Straße weniger leiden als die durch ein Zugunglück Betroffenen?

Nicht immer sind die Betroffenen mit der Regelung einverstanden: »Ich persönlich hatte fast vier Jahre mit der Bahn zu kämpfen, um die mir zustehenden Schadensersatzansprüche durchsetzen zu können. Im Laufe der vier Jahre füllten sich vier Aktenordner mit Schriftverkehr, Beschwerden und Gutachten. Dieser Bürokratismus und diese Schwierigkeiten waren für meine persönliche Rehabilitation wenig förderlich und ich hätte mir die Aufregungen sparen können, wenn die Deutsche Bahn AG etwas menschlicher und großzügiger gehandelt hätte«, klagt Udo Bauch in seinem Buch »Zugunglück von Eschede überlebt«. Aber genau darin liegt das Problem: Gerechtigkeit ist ein subjektives Gefühl. Wo die Bahn glaubt, umfassend zügig entschädigt zu haben, empfindet es ein Betroffener als Schikane und Geiz. Vielleicht wurde in einigen Fällen auch die Ankündigung der Bahn, unbürokratisch zu entscheiden, missverstanden. Es kann nicht bedeuten, dass das Unternehmen ohne Rücksicht auf bestehende Regelungen handelt und jeder Forderung zu entsprechen hat.

Der Ombudsmann vereinbarte auch wegen solch unterschiedlicher Auffassung mit der Bahn, dass alle Geschädigten sich auf Kosten der Bahn einen *Anwalt* nehmen können, falls sie rechtlichen Beistand benötigen. Anders als der Ombudsmann muss (und kann) sich ein Anwalt ausschließlich für die Belange seines Mandanten einsetzen. Zugleich erscheint einigen Betroffenen der Anwalt, aufgrund seiner gesetzlichen Schweigepflicht, als besserer Ansprechpartner, wenn es um Tatsachen geht, die möglicherweise Schadensansprüche mindern könnten. Auch die Bahn tut sich leichter, mit einem juristisch geschulten Anwalt zu verhandeln als mit einem Betroffenen, der sich mit der Rechtspraxis und der herrschenden Rechtssprechung nicht auskennt.

Vieles lässt sich durch einen Vergleich regeln. Doch manchmal gehen die Vorstellung so weit auseinander, dass es zum Prozess kommen kann. So verlangt ein 27-jähriger Mann, der durch den Unfall arbeitsunfähig wurde, einen Verdienstausfall von 17 Millionen Mark. So viel hätte er nach seinen Berechnungen verdient, wenn er nicht für immer geschädigt worden wäre, argumentierte der junge Mann. Die Bahn war anderer Meinung.

Für Krasney als ehemaligen Richter ist es keine Katastrophe, wenn eine der Parteien klagt: Gerichte sind dafür da, bei Widerstreit der Interessen und unterschiedlicher Rechtsauslegung Klarheit zu schaffen. Der Ombudsmann erklärt den Betroffenen, die klagen wollen: »Wenn es auch nach fair geführten Verhandlungen zu keinem Ergebnis kommt, dann ist die Klage der einzige Weg, eine Lösung zu finden.« Den Mitarbeitern der Bahn erklärt der Ombudsmann eindringlich: »Eine Klage ist kein grober Undank, sondern die Ausübung eines Rechts der Geschädigten.« Mehr kann ein Ombudsmann nicht tun – der Rest ist Aufgabe der Gerichte.

In einigen Fällen rät der Ombudsmann den Betroffenen davon ab, schon jetzt eine Abfindung zu akzeptieren. So will eine Familie das Abfindungsangebot der Bahn, für ihre minderjährige Tochter, die bei dem Unglück schwer verletzt wurde, annehmen. »Sie wissen nicht, was auf sie zukommt«, warnt der Ombudsmann. »Es kann sein, dass es später, wenn ihre Tochter älter wird, zu Komplikationen als Folge des Unglücks kommt. Wer steht dann dafür gerade?« Eine hohe

Summe als Abfindung sieht auf den ersten Blick verlockend aus – aber niemand weiß, was die Zukunft bringt und welche Belastungen dann entstehen.

In der Regel ist es besser, besonders bei jungen Menschen, einen zeitlich begrenzten Vergleich abzuschließen, zum Beispiel über fünf Jahre. Sollte sich danach der Gesundheitszustand unerwartet verschlechtern, kann dies bei einem weiteren Schadensersatzanspruch berücksichtigt werden.

Schwierig ist es auch, wenn der *Verdienstausfall* berechnet werden muss, womöglich für ein ganzes Leben. So wie bei dem jungen Mann, der mit 17 Millionen rechnete. Oder wie bei einem Verletzten, der zunächst zwölf Millionen Mark als Verdienstausfall wegen bleibender Erwerbsunfähigkeit angab. In einem anderen Fall, beim Eisenbahnunglück in *Brühl*, treten auch einige ausländische Geschäftsleute auf. Auf dem Papier, gemäß ihrer Steuererklärung, verdienten sie relativ wenig. Wie sollten sie jetzt einen hohen Verdienstausfall geltend machen? Wie sollte die Bahn im Ausland Auskünfte einholen? Der Ombudsmann schaltet sich mehrmals als Vermittler ein.

Auch hier gilt: Meist ist es besser, einen Gesamtschaden festzulegen. Wie sich die Summe aus Sicht des Einzelnen aufteilt, ist gleichgültig. Den Verletzten und Hinterbliebenen ist es wichtig, für bestimmte Dinge, die für sie bedeutsam sind, entschädigt zu werden – auch wenn man sie aus Sicht der Bahn anders gewichtet würden.

Empfehlungen bei *Schadensersatzansprüchen* in Großschadensfällen
1. Der Ombudsmann tritt in den Verfahren in der Regel als Mediator und Schiedsrichter auf. Er kann deshalb weder das Unternehmen vertreten noch kann er sich hinter alle Forderungen der Verletzten und Hinterbliebenen stellen.
2. Das betroffene Unternehmen sollte eine ihm ge-

rechtfertigt erscheinende Entschädigung auch über das von der Versicherung genannte Limit hinaus akzeptieren – zumal ein Versicherungsverfahren lange dauern kann und die Opfer warten müssten.

3. Mitarbeiter, die Entschädigungen gewähren, sollten von ihrem Arbeitgeber den erforderlichen Freiraum bei der Festsetzung von Entschädigungen erhalten. Sonst können sie, schon aus Selbstschutz, nicht unbürokratisch und umfassend agieren und werden alle nicht hundertprozentig sicheren Ansprüche abzuwehren versuchen.

4. Abfindungen für Schadensersatzansprüche sollten bei Kindern, Jugendlichen und jüngeren Erwachsenen zeitlich begrenzt geleistet werden, zum Beispiel auf fünf Jahre. Tauchen danach Spätfolgen auf, stehen die Opfer nicht schutzlos da.

Wie viel ist ein Menschenleben wert? Diese Frage wird häufig im Rahmen von Schmerzensgeldansprüchen gestellt. Für die Hinterbliebenen gilt: Den geliebten Menschen kann man nicht ersetzen; kein Geld der Welt kann den Schmerz und die Trauer aufwiegen, kein Menschenleben kann in Geld aufgewogen werden.

Zunächst einmal ist aber für den Ombudsmann eine andere Frage zu beantworten: Die deutsche Rechtssprechung sieht für den Tod eines nahen Angehörigen an sich kein Schmerzensgeld vor. Nur wenn die Hinterbliebenen so sehr darunter leiden, dass Psychologen und Ärzte bei ihnen selbst einen psycho-pathologischen Zustand diagnostizieren, steht ihnen ein Schmerzensgeld zu. Nähme die Bahn diese Rechtslage zur Grundlage, müsste jeder nahe Angehörige untersucht werden und ein Gutachten vorlegen. Und was ist, wenn bei einem Menschen der psycho-pathologische Zustand erst nach zwei, drei Jahren eintritt, weil vielleicht erst dann der Verlust der Eltern, des Kindes oder des Partners so schmerzlich erfahren wird?

Zudem ist die Feststellung des psycho-pathologischen Zustandes oft sehr schwierig. Dieser Zustand tritt bei vielen Hinterbliebenen nicht nur zu den unterschiedlichsten Zeiten, sondern auch in sehr unterschiedlichen Formen auf. Ein Streit der Gutachten kann das Leiden der Hinterbliebenen verstärken und manchmal erst zu dem dann nachweisbaren psycho-pathologischen Zustand führen. »Wollen Sie einen Krieg der Gutachter? Wollen Sie Verfahren, die sich über Jahre hinziehen, die für die Betroffenen einen ständigen Schmerz bedeuten?«, fragt Krasney den Bahnvorstand. »Lassen Sie uns einfach unterstellen, dass bei jedem nahen Angehörigen ein psycho-pathologischer Zustand vorliegt, ohne auf Gutachten zu bestehen – das heißt, jeder hat Anrecht auf Schmerzensgeld.«, schlägt er vor. Der Bahn-Vorstand akzeptiert.

Eine weitere Frage stellt sich dann: Sollen alle Hinterbliebenen pro Todesfall das gleiche Schmerzensgeld erhalten? Beim Absturz der Concorde in Paris hatten die Fluggesellschaft, ihr Versicherer und die Vertreter der Hinterbliebenen ein Punktesystem ausgearbeitet. Damit versuchte man, das Ausmaß der Trauer und des Schmerzes zu messen und demgemäß Schmerzensgeld zu zahlen. Gerechtigkeit kann es aber in solchen Fällen nicht geben – und in die Herzen der Menschen kann niemand hineinsehen. Soll eine Ehefrau, die vielleicht nur noch formal mit ihrem Mann zusammenlebt, genauso viele Punkte bekommen wie ein jung verliebtes Pärchen? Leidet eine Mutter stets mehr oder weniger als eine Ehefrau? Schmerzt der Verlust eines jüngeren Menschen mehr als der eines älteren? Der Vorstand der Bahn und der Ombudsmann diskutieren lange. Schließlich entschließen sich die Mitglieder des Vorstandes, den Vorschlag des Ombudsmannes anzunehmen: Die Bahn zahlt für jeden Todesfall ein einheitliches *Schmerzensgeld*.

Der Ombudsmann setzt noch eine weitere Entscheidung durch: Rechtlich ist die Bahn nicht verpflichtet, Schmerzensgeld an Hinterbliebene von Bahn-Mitarbeitern zu zahlen, die einen Dienst- oder Arbeitsunfall erlitten haben. Dies schließt das Gesetz für Arbeits- und Dienstunfälle aus. »Aber stellen Sie sich vor, wie das auf die Betroffenen und die Öffentlichkeit wirkt«, erklärt er den Vorstandsmitgliedern. »Für die Fremden zahlt die Bahn Schmerzensgeld, für die eigenen Leute hat sie keinen Pfennig übrig. Ich glaube, wir haben es mit einer Schicksalsgemeinschaft zu tun.« Der Vorstand stimmt schließlich zu, den Hinterbliebenen der Bahn-Mitarbeiter das gleiche Schmerzensgeld zu zahlen, das auch die anderen bekommen.

Die Frage bleibt aber: Wie viel Schmerzensgeld soll man zahlen? Die deutschen Gerichte zeigen sich zurückhaltend. Das Bundesverfassungsgericht hält bereits 5.000 bis 10.000 Mark pro Todesfall für angemessen. Für den Ombudsmann ist dies ein Dilemma. Er denkt lange darüber nach, was er dem Bahn-Vorstand raten soll. Zum einen soll das Schmerzensgeld über dieser Summe liegen. Auf der anderen Seite weigert er sich aus einem Gerechtigkeitsgefühl, einen gegenüber der üblichen deutschen Rechtspraxis exorbitant höheren Betrag vorzuschlagen. Das wäre nicht angemessen gegenüber einem Unfallopfer auf der Autobahn oder bei anderen Verkehrsunfällen, bei dem der öffentliche Druck fehlt, um eine höhere Schadensersatzforderung durchzusetzen. So schreibt die Ehefrau eines Mannes, der mit den beiden Kindern bei einem von ihm unverschuldeten Autounfall ums Leben gekommen ist, an den Ombudsmann: Wieso bekommen Angehörige des Eschede-Opfers eine sechsmal so hohe Entschädigung wie ich? Mein Schmerz, meine Trauer sind doch genauso groß.

Die Opfer eines Großunglückes wie Eschede sehen das zum Teil anders: Verletzte und Hinterbliebene stehen im Scheinwerferlicht der Öffentlichkeit. Kameras richten sich auf sie, Journalisten befragen sie. Jedermann weiß um ihr Unglück. So entsteht schnell ein Gefühl: Unser Leid ist größer, ist wichtiger als das eines Angehörigen eines Unfalles, für den sich die Öffentlichkeit nicht interessiert. Der Ombudsmann versucht, hier auszugleichen, die Relationen deutlich zu machen – ohne entweder für die Bahn oder die Opfer vorbehaltlos Partei zu ergreifen. Er wird von einzelnen Opfern angegriffen: »Wie können sie uns mit einem Raser auf der Autobahn vergleichen?« Es geht Krasney aber um die unschuldigen Opfer der Raser, um den gleichen Schmerz ihrer Hinterbliebenen.

In mehreren Sitzungen berät sich der Ombudsmann mit dem Bahn-Vorstand. Die letzten Verhandlungen führt er über Handy von Polen aus. Dort hält er gerade eine Gastvorlesung an der Universität Danzig.

Letztlich einigt sich der Vorstand auf 30.000 Mark pro Todesfall. Partner aus nichtehelichen Lebensgemeinschaften werden ebenfalls bedacht. Das Geld wird stets an den nächsten Angehörigen ausgezahlt, mit dem der Getötete zusammenlebte. Wie dann eine Verteilung zwischen den Hinterbliebenen durchgeführt wird, vermag weder die Bahn noch der Ombudsmann zu entscheiden.

Bis Ende 2004 hat die Bahn Entschädigungen und Schmerzensgeld in Höhe von insgesamt 30 Millionen Euro gezahlt.

Worauf ist bei Entschädigungen nach Großschadensfällen zu achten:

1. Unmittelbar nach dem Unglück sollten die Betroffenen einen einmaligen Pauschalbetrag erhalten, mit dem sie die vielen kleinen Belastungen abdecken können (zum Beispiel die Taxi-Fahrt zum Bahnhof, den Pyjama für die Übernachtung, eine Haushaltshilfe für die Abwesenheit von zu Hause). Die Bahn hat damals pro Betroffenem rund 10.000 Mark zur Verfügung gestellt. Dabei sollte ein Unternehmen nicht darauf bestehen, dass die Angehörigen für jede Ausgabe Quittungen vorlegen – daran denken Verletzte oder Hinterbliebene in ihrer Situation oft nicht.

2. Nach der Soforthilfe durch einen Pauschalbetrag kann das betroffene Unternehmen mit Recht für weitere Zahlungen Schadensnachweise verlangen. Dabei sollte es aber die Relationen im Auge haben. In manchen Fällen ist der Schaden durch ein Beharren auf einem Rechtsstandpunkt größer als eine mögliche Einsparung.

3. Entschädigungen, sofortige Hilfszahlungen und Schmerzensgeld sind nicht einfach nur zu überweisen. Es ist wichtig, die Überweisung in einem Brief zuvor anzukündigen. So fühlen sich Verletzte und Angehörige nicht »mit Geld abgespeist«.

4. Das Unternehmen sollte den Opfern zeigen, dass ihm daran gelegen ist, schnell und umfassend zu entschädigen. Es sollte aber auch deutlich machen, dass es nicht jede Forderung ungeprüft erfüllen kann.

5. Bei Ablehnung von Schadensforderungen sollte das Unternehmen klare und verständliche Begründungen liefern und menschliches Verständnis zeigen. Die nicht strittigen Teile des Schadensersatzes sollten in jedem Fall vorab erstattet werden.

5. Kapitel:
Die Interessengemeinschaft

Einige Tage nach dem Unglück findet in Celle ein Trauer-
gottesdienst für die Verstorbenen statt. Unter den Trauergä-
sten sind unter anderen Bundespräsident Roman Herzog,
Bundeskanzler Helmut Kohl und der Ministerpräsident von
Niedersachsen, Gerhard Schröder. Auch Bahnchef Ludewig
ist anwesend. Im Laufe der Trauerfeier legt *Heinrich Löwen*,
ein Angehöriger, Listen aus, in denen er dazu aufruft, eine
Interessengemeinschaft der Eschede-Geschädigten zu gründen. Löwen hat bei dem Unglück seine Frau und seine Tochter verloren. Er wohnt zusammen mit einer weiteren, schwer
behinderten Tochter in einem Ort bei Nürnberg. Er arbeitet
als Arbeitsamtsberater und engagiert sich in der Lokalpoli-
tik.

In Celle kommt es sogleich zu einem Missverständnis: Ein
Polizeibeamter nimmt die Liste an sich und vergisst, sie spä-
ter weiterzuleiten. Sie bleibt für einige Zeit verschollen.
Heinrich Löwen glaubt, die Bahn wolle die Gründung einer
Interessengemeinschaft verhindern. Dem Ombudsmann
scheint er ebenfalls nicht zu trauen, hält ihn wohl für einen
»Mann der Bahn«. Als die Liste nach einigen Wochen auf-
taucht, leitet die Polizei sie an den Ombudsmann weiter.
Dieser schickt sie noch am gleichen Tag an Heinrich Löwen.
Für die Zusammenarbeit zwischen Ombudsmann und Inter-
essengemeinschaft ist dieser Zwischenfall aus der Sicht von
Heinrich Löwen kein guter Start.

Nach großen Unglücken bilden sich fast immer Interessengemeinschaften der Opfer. Das ist ihr gutes Recht. In vielen Fällen klappt die Zusammenarbeit mit dem betroffenen

Unternehmen gut, selbst wenn sich die Interessen naturgemäß unterscheiden. Der Ombudsmann rät der Bahn, die Interessengemeinschaft soweit wie möglich einzubeziehen.

Der Ombudsmann verspricht Heinrich Löwen sogleich seine Unterstützung. Eine Bitte des Gründers der Interessengemeinschaft aber muss er ablehnen, denn sie widerspräche den Vorschriften des Datenschutzes: Er kann der Interessengemeinschaft nicht sogleich ohne Einverständnis der Verletzten und Hinterbliebenen die Namen und Adressen der Opfer übermitteln. Zweimal weist er aber in seinen Rundschreiben an die Hinterbliebenen und Verletzten darauf hin, dass eine Interessengemeinschaft gegründet wurde und gibt Anschrift und Telefonnummer von Heinrich Löwen an. Dennoch legt ihm Löwen dieses Verhalten so aus, als boykottiere der Ombudsmann die Interessengemeinschaft.

Otto Ernst Krasney ist an einer Gegnerschaft nicht gelegen. Er trifft Heinrich Löwen und dessen Vertreter in Nürnberg. Doch auch ein langes Gespräch kann die grundsätzliche Haltung Löwens hinsichtlich der Höhe des Schmerzensgeldes für Hinterbliebene nicht aufbrechen. Löwens Forderungen kann sich Krasney nicht uneingeschränkt anschließen. Die Interessengemeinschaft konzentriert sich vorwiegend auf zwei Ziele:

Erstens fordert sie die restlose Aufklärung der *Unfallursache*.

Die Aufklärung der Unfallursachen gehört nicht zu den Aufgaben des Ombudsmannes, der aber diese Forderung an den Vorstand weitergibt. Sie wird in einem Gespräch zwischen Vorstand, Interessengemeinschaft und Ombudsmann wiederholt. Ein Ombudsmann sollte darauf drängen, an Gesprächen zwischen Vorstand oder anderen Führungskräften des Unternehmens und den Vertretern einer Interessengemeinschaft teilzunehmen, weil er sonst auf die Angaben jeweils der einen oder anderen Seite des Teilnehmerkreises angewiesen ist. Der Vorstand der Bahn bekennt sich eindeutig dazu, dass es jetzt Sache der Justiz sei, das Unglück von

Eschede juristisch aufzuarbeiten. Die Staatsanwaltschaft erhebt Anklage gegen zwei Mitarbeiter der Deutschen Bahn und einen Ingenieur des Radherstellers des ICEs. Nach fast einjähriger Prozessdauer stellt das Landgericht Lüneburg das Verfahren Mitte 2003 wegen nur geringer Schuld der Angeklagten ein.

Krasney kann sich von Anfang an nicht zu den Schuldvorwürfen seitens der Interessengemeinschaft äußern. Er muss neutral bleiben. Er verweist aber darauf, dass die Bahn die Opfer von vornherein ohnehin so entschädigt wie im Fall eines Verschuldens. Die Schuldfrage ist hier also eher moralischer Natur – auf Entschädigungszahlungen und Schmerzensgeld wirkt sie sich nicht aus.

Zweitens stellt die Interessengemeinschaft bald nach dem Unglück hohe Schmerzensgeldforderungen. Da in der Interessengemeinschaft hauptsächlich Hinterbliebene engagiert sind, konzentrieren sich ihre Forderungen auf das Schmerzensgeld naher Angehöriger. 550.000 Mark verlangen sie von der Bahn für jeden Todesfall. Außerdem wollen sie lebenslang eine Bahnnetzkarte erster Klasse für jeden Hinterbliebenen und jeweils eine Person seiner freien Wahl. Löwen begründet den hohen Geldbetrag zunächst damit, dass er die Kosten eines neuen ICEs durch die Anzahl der Opfer teilt. Für die Verletzten erhebt die Interessengemeinschaft zunächst keine konkreten Forderungen. Erst bei einem Treffen Heinrich Löwens mit dem Bahn-Vorstand weitet dieser die Forderungen nach den Bahnnetzkarten auf die Verletzten aus.

Der Ombudsmann hält die Vorstellungen der Interessengemeinschaft für überzogen. Schmerzensgeld in dieser Höhe ist im deutschen Recht unbekannt. Es entspricht eher amerikanischen Gepflogenheiten. Das amerikanische Recht geht aber von anderen Schadenersatzgrundlagen aus, zumal es dort kein soziales Schutzsystem gibt, wie es in Deutschland besteht.

Das Berliner Landgericht weist die Klage einiger Hinterbliebener auf ein erheblich höheres Schmerzensgeld zurück.

Gleiches passiert mit den Klagen vor dem Landgericht Lüneburg und dem Oberlandesgericht Celle.

Deshalb haben auch rund 80 Hinterbliebene eine Klage in den Vereinigten Staaten angekündigt, geführt durch den Anwalt Ed Fagan, der durch die Holocaust-Sammelklagen bekannt geworden ist. Gegenüber der Presse behauptet Heinrich Löwen, die Opfer des Unglücks von Eschede würden von der Bahn schäbig behandelt. Aus diesem Grunde suche man nun Gerechtigkeit in den USA, da deutsche Gerichte die Opfer nicht unterstützten.

Der Ombudsmann will sich selbst ein Urteil bilden: Er bespricht sich mit deutschen Universitätskollegen und mit einem renommierten amerikanischen Anwalt. Welche Chancen haben die Eschede-Opfer, in den USA ein höheres Schmerzensgeld zu erstreiten? Die angesprochenen Experten geben übereinstimmend einer Klage kaum Chancen.

Krasney rät denjenigen, die ihn fragen, nicht zu, sich der Sammelklage anschließen, sondern verweist sie an die vertretenden Anwälte. Aber auch hier gilt: Für den ehemaligen Bundesrichter ist eine Klage keine Katastrophe. »Ich kann weiterhin verstehen, dass für Sie Geld eine gewisse Entschädigung bedeutet«, sagt er den Opfern und Hinterbliebenen. Aber Trauer und Schmerz lassen sich auch mit viel Geld nicht aufwiegen.

Besonders schmerzen Krasney die persönlichen Angriffe der Interessengemeinschaft und ihres Sprechers, Heinrich Löwen. Er legt großen Wert auf Unabhängigkeit – die Interessengemeinschaft wirft ihm vor, ein Vertreter der Bahn zu sein. Er verhandelt stundenlang mit dem Vorstand und erreicht so eine Entschädigungsleistung, die weit über die gesetzlichen Vorgaben hinausgeht – die Interessengemeinschaft wirft ihm vor, die Bahn in ihrer Knauserigkeit zu unterstützen. Ihn trifft die Kritik besonders, da ihn die Interessengemeinschaft in keinem einzigen Fall angesprochen hat, in dem die Entschädigung für den materiellen Schaden nach ihrer Meinung zu gering sei, die Verhandlungen schleppend liefen oder in ihrer Art unangemessen geführt würden.

Auch bei Schmerzensgeldangelegenheiten der Verletzten kam es zu keinen Beschwerden der Interessengemeinschaft, zum Beispiel über zu geringe Beträge in den betreffenden Einzelfällen. Nur die generelle Höhe des Schmerzensgeldes für Hinterbliebene und die Netzkarte lebenslang waren Gegenstand der Gespräche mit dem Vorstand und dem Ombudsmann.

Für den Ombudsmann stellt sich die Frage: Wie weit soll ich die Interessengemeinschaft als Sprecher der Hinterbliebenen und Verletzten anerkennen? Wie viele Mitglieder sie hat, kann er nicht genau feststellen. Heinrich Löwen spricht von rund 80. In Berichten der Teilnehmer wird in der Regel von 35 bis 45 gesprochen. Heinrich Löwen ist ohne Zweifel ihr Protagonist. Krasney glaubt, dass Löwen sich zu sehr in eine Gegnerschaft mit der Bahn hineinsteigert. Eine Form der Trauerverarbeitung? Psychologen kennen ein solches Verhalten. Bei manchen traumageschädigten Betroffenen schlägt die psychodynamische Abwehr des Unfassbaren in Wut und Aggression um. So versteht es der Ombudsmann und spricht deshalb mit Löwen nur persönlich. Er vermeidet eine öffentliche Auseinandersetzung.

Prof. *Gottfried Fischer* vermutet: »Der Kampf gegen einen äußeren Feind kann einen Lösungsversuch in der Verarbeitung des Traumas darstellen. Dieser kann jedoch in eine Sackgasse führen, wenn er dazu eingesetzt wird, von eigenen schmerzhaften Gefühlen abzulenken.«

Der Ombudsmann entschließt sich, den Dialog mit der Interessengemeinschaft fortzuführen, aber er hält sich vor Augen: Die Gruppe spricht nicht für alle Betroffenen. Diese Einsicht verstärkt sich vor allem bei der Diskussion darum, wie die Gedenkstätte in Eschede gestaltet werden soll.

Der Umgang mit Interessengemeinschaften

1. Interessengemeinschaften nicht als Gegner betrachten, sondern sogleich den Dialog suchen. Im Streit mit Interessengemeinschaften zieht das betroffene Unternehmen in der öffentlichen Meinung oft auch dann den Kürzeren, wenn es vor Gericht Recht behält.
2. Es ist zu bedenken, dass Interessengemeinschaften übers Ziel hinausschießen können. Auch dann sollten die Türen für einen Dialog nicht zugeschlagen werden.
3. Verständnis zeigen für die Trauer und den Schmerz der Betroffenen, die sich oft in verhärteten Positionen einzelner Mitglieder von Interessengemeinschaften ausdrücken. Ein gegnerisches Verhalten kann Ausdruck von Traumabewältigung sein. Das heißt nicht, dass man nicht mit aggressiven Vertretern von Interessengemeinschaften entschieden umgehen darf. Deshalb gilt:
4. Den Mut haben, extreme, nicht vertretbare Positionen von Vertretern einer Interessengemeinschaft auch zu benennen.
5. Es ist kein Tabu, extreme Interessenvertreter in die Schranken zu weisen, sie zu kritisieren und auf unfaires Verhalten hinzuweisen.

6. Kapitel:
Die Gedenkstätte

Trauer, das wissen Psychologen wie Priester, braucht einen sichtbaren Ausdruck. Der erste kollektive Moment des Trauerns um die Opfer von Eschede ist die *Trauerfeier* in Celle einige Tage nach dem Unglück. Sie wird im Fernsehen übertragen und hat große öffentliche Aufmerksamkeit. Der Ombudsmann hat zu diesem Zeitpunkt seine Arbeit noch nicht aufgenommen.

Mehrere Verletzte und Hinterbliebene wenden sich Monate später an den mittlerweile amtierenden Ombudsmann. Sie wünschen sich eine *Gedenkfeier* ein Jahr nach dem Unglück. Der Ombudsmann hält dies für eine gute Idee und sein Team organisiert, gemeinsam mit dem Protokoll der Bahn, die Gedenkveranstaltung zum Jahrestag. Aus seinem Fonds bezahlt er Anreise und Unterkunft der Verletzten und Hinterbliebenen in Hotels. Zu der Veranstaltung kommen Bahnchef Ludewig und weitere leitende Mitarbeiter der Bahn.

Eine besondere Geste: Die Anwohner in Eschede versorgen die Gäste mit Speisen und Getränken – um so ihr Mitgefühl auszudrücken.

Am zweiten Jahrestag verzichtet die Bahn, auf Wunsch der Gemeinde Eschede, auf eine Gedenkveranstaltung. Opfer, die die Unglücksstelle trotzdem besuchen wollen, erhalten auf Wunsch vom Ombudsmann die Kosten ersetzt.

Schon sehr früh taucht der Gedanke auf, am Unglücksort eine Gedenkstätte einzurichten. Nachdem der Brückenpfeiler, gegen den der ICE geprallt war, nicht mehr errichtet wird, könne man – so lautet ein Vorschlag – an der neuen

Brücke eine Gedenktafel anbringen. Der Plan scheitert, weil an dieser Stelle nicht genug Platz ist. Zudem ist aus Gesprächen mit Verletzten und Angehörigen erkennbar, dass diese sich mehr wünschen: einen würdigen Ort des Gedenkens, eine Gedenkstätte. In Gesprächen zwischen dem Konzernbeauftragten für die Länder Niedersachsen und Bremen, Helmut Pohl, dem Vorstand und dem Ombudsmann entscheidet die Bahn, eine Gedenkstätte zu finanzieren. In die künstlerische Gestaltung der Gedenkstätte will sich die Bahn sich grundsätzlich nicht einmischen.

Auch die Gemeinde Eschede und der Landkreis stimmen dem Vorhaben zu, obgleich einige Bewohner aus der Umgebung der Unfallstelle Vorbehalte haben. Sie fürchten, eine viel besuchte Gedenkstätte könne zu Belastungen für den Ferienort führen.

Dem Ausschuss für die Gedenkstätte gehören Vertreter der Gemeinde Eschede, des Landkreises, ein Professor der Kunsthochschule Hannover, der Ombudsmann und der Konzernbeauftragte Pohl als Bevollmächtigter der Bahn an. Die Gemeinde und der Landkreis schreiben einen Wettbewerb für die künstlerische Gestaltung aus.

Schon am Anfang droht Missstimmung aufzukommen: In einer der ersten Sitzungen beschwert sich Heinrich Löwen, der Vorsitzende der *Interessengemeinschaft*, dass die Hinterbliebenen nicht einbezogen seien. Er verlangt, Mitglied im Ausschuss für die Gedenkstätte zu werden. Über die Besetzung des Ausschusses befinden aber die Gemeinde und der Landkreis, auf deren Boden das Unglück geschah. Der Ombudsmann informiert schon von der ersten Sitzung an in mehreren Briefen und Telefonaten Löwen und seinen Stellvertreter. Der Ausschuss beschließt danach, dass die Vertreter der Opfer an den Sitzungen des Ausschusses teilnehmen dürfen, sie haben allerdings kein Stimmrecht, da insoweit der Ausschuss die Entscheidung der Gemeinde und des Landkreises nicht ändern darf. Sie können aber ihre Ideen und Anregungen vorstellen und werden, wenn sie einmal nicht anwesend sind, ausführlich informiert. Die Reise- und Unterbringungskosten für Vertreter der Interessengemeinschaft werden aus dem Fonds des Ombudsmann getragen.

Die Ausschreibung gewinnen die Landschaftsarchitekten Wolfgang-Michael Pax und Anja Brüning. Sie wollen eine monumentale Anlage aus rostendem Metall errichten, die die bedrohende Enge der eingeschlossenen Opfer und die Vergänglichkeit des Menschen symbolisiert, aber auch den Schmerz und die Trauer. Auf einer großen Tafel stehen nur die Geburtsdaten der Opfer, nicht ihre Namen. So wie die Menschen im ICE »Wilhelm Conrad Röntgen« einander nicht mit Namen kannten, bleiben nach der Idee der Architekten und des Pastors von Eschede die Opfer namenlos. Die Interessengemeinschaft verfasst eine Stellungnahme. Sie lehnt den Entwurf ab, vor allem wegen des rostenden Materials, der Monumentalität und weil die Namen der tödlich Verunglückten fehlen.

Ein kleines Modell dieses Entwurfs wird am ersten Jahrestag in Eschede ausgestellt. Den meisten Betrachtern erscheint er zu monumental, vermutlich auch zu modern.

Der Ombudsmann schreibt einen Brief an alle Hinterbliebenen, in dem er die Pläne vorstellt und erläutert. Die Stellungnahme der Interessengemeinschaft fügt er bei. Weit über hundert Briefe erreichen ihn. Die meisten Schreiber wenden sich gegen den Entwurf, mit ähnlichen Gründen wie die Interessengemeinschaft. Vor allem möchten die Angehörigen, dass die Verstorbenen mit Namen auf der Gedenktafel auftauchen. Wenn sie schon im Sterben anonym waren, sollen sie zumindest im Tode und in der Erinnerung einen Namen tragen – denn es sind 101 Schicksale, so lässt sich der Tenor zusammenfassen. Nur wenige Angehörige schreiben zustimmend. Ein verletztes Mädchen meint, dass man das Geld für die Gedenkstätte besser für behinderte Kinder ausgeben solle.

Die Architekten werten zusammen mit dem Gedenkstättenausschuss die Briefe an den Ombudsmann aus. Pax und

Brüning verstehen viele Einwände, sie ändern ihre Pläne deshalb und nehmen viele Vorschläge der Angehörigen auf. Der neue Plan sieht nun eine Steinplatte vor. Auf ihr sind alle Namen und die Herkunftsorte der Opfer verzeichnet. Sie schlagen ein Plateau auf zwei Ebenen vor, die durch Stufen verbunden sind. »Es geht weiter«, bedeutet das. Wer möchte, kann auch interpretieren: Im Schmerze wendet man sich zur Mitte, zu Gott.

Der Ombudsmann weiß, dass viele der Hinterbliebenen, vor allem aus Bayern, sich eine Kapelle oder ein Kruzifix wünschen. Ein Verletzter schlägt eine gebogene Mauer mit Engeln und einem Springbrunnen vor. Eine solche Gedenkstätte hätte im protestantischen Norddeutschland jedoch wie ein Fremdkörper gewirkt. Zudem ist für die Verantwortlichen klar: Auch jene Opfer, die nicht dem christlichen Glauben nahe stehen, sollen sich durch die Gedenkstätte repräsentiert fühlen. Deshalb verzichten die Künstler auf einen starken religiösen Bezug.

Heinrich Löwen, dem Vorsitzenden der Interessengemeinschaft, gefällt unter anderem nicht, dass die Architekten eine gerade Steinwand vorsehen, auf der Namen, Geburtsdaten und Herkunftsort der Toten stehen. Löwen stellt sich einen gerundeten Stein vor. Dies widerspricht aber der strengen geraden Linienführung der gesamten Anlage. Die Ablehnung dieses Vorschlages durch die Architekten ist deshalb für den Ausschuss maßgebend. Kunst kann nicht durch ein Mehrheitsvotum entschieden werden. Die Deutsche Bahn AG mischt sich überhaupt nicht in die Frage ein, wie die Gedenkstätte gestaltet werden soll. Dies muss der Ombudsmann dem Vorsitzenden der Interessengemeinschaft mehrmals erklären, der immer wieder ein Eingreifen der Bahn zugunsten seiner Gestaltungsvorschläge fordert.

In der Diskussion um den Gedenkstein mit den Namen der Toten gibt es weitere Gegenstimmen. Eine Mutter fordert, dass ihre Tochter mit ihrem Mädchennamen aufgeführt werde. Deren Mann trauere nicht aufrichtig. Eine andere Mutter verlangt, als Wohnort ihres Sohnes den Heimatort zu nennen. Der Sohn sei zwar zwei Monate vor seinem Tod in eine andere Gemeinde gezogen, aber dies sei nur aufgrund schlechten Einflusses geschehen. Auf keinen dieser Wünsche kann der Gedenkstätten-Ausschuss eingehen. Er muss sich an die amtlichen Fakten halten und darf sich nicht in Familienstreit einmischen.

Die Kosten der Einrichtung und des Unterhalts der Gedenkstätte beliefen sich auf über eine Million Mark, die von der Bahn getragen wurden.

Krasney hält den Entwurf, der am Ende verwirklicht wird, für gelungen. Die meisten Betroffenen stimmen ihm bei der Einweihung am 11. Mai 2001 zu.

Was bei einer Gedenkstätte zu beachten ist:

1. Es sollte viel Sorgfalt darauf verwendet werden, eine geeignete und würdige Stelle zu finden. Eine lieblos oder an ungeeigneter Stelle angebrachte Tafel verletzt die Gefühle der Opfer mehr als das sie zum Gedenken beiträgt.

2. Man sollte sehr sorgfältig prüfen, ob die Gefühle von Trauer und Schmerz auch den Bau einer Gedenkstätte tragen, damit Gedenken nicht wie eine Pflichtübung wirkt. Nach dem Unglück in Brühl zum Beispiel forderten die Hinterbliebenen keine Gedenkstätte.

3. Hingegen sollte man sich den Wünschen der Betroffenen nicht verschließen, wenn sie einen Ort des Erinnerns wünschen.

4. Es muss sichergestellt sein, dass die Gedenkstätte auch dauerhaft gepflegt wird, nicht überwuchert oder mit Graffiti verunstaltet wird.

5. Die Betroffenen sollten an der Gestaltung der Gedenkstätte beteiligt werden. Kunst und Kunstge-

---

schmack kann man allerdings nicht auf den kleinsten gemeinsamen Nenner bringen. Auch eine Interessengemeinschaft spricht, wenn es um künstlerische Frage geht, nicht für alle Betroffenen. Deshalb muss immer der Künstler das letzte Wort haben.

7. Kapitel:
Die große Leistung der Helfer

Nur wenige Minuten, nachdem der ICE bei Eschede auf den Brückenpfeiler geprallt ist, eilen die ersten Helfer herbei. Es sind Menschen aus dem Ort, die den Knall gehört haben. So wie Dieter Rabsahl. Der 50-Jährige wohnt nur wenig entfernt vom Unglücksort und arbeitet gerade im Garten, wie er dem Reporter der »Welt am Sonntag« berichtet. »Ich wusste plötzlich, dass etwas passiert war, schnappte mein Fahrrad und fuhr am Bahndamm entlang in Richtung Brücke. Ich kam an den ersten der drei noch halbwegs intakten Waggons vorbei und sah, wie zwei Körper rücklings mit dem Kopf voran aus dem zerborstenen Fenstern des Intercity Express heraushingen. Als ich die beiden Toten sah, da fühlte ich nur eines – ich wollte helfen.« Er läuft auf den fünften Waggon zu. »Unterwegs fand ich die Leichen dreier sechs- bis zehnjähriger Kinder. Ich sammelte einige herumliegende Blechstücke zusammen und bedeckte damit die Toten.« Rabsahl erzählt der Zeitung weiter: »Überall war Gepäck verstreut. Trümmerstücke lagen herum und die Menschen durcheinandergewirbelt auf dem Boden. Ich habe so zwanzig herumliegende Koffer rausgeworfen, als provisorische Rutsche, um die Leute rausbringen zu können. Anschließend haben wir uns von vorne nach hinten durchgearbeitet, einige erst einmal wieder auf die Sitze gesetzt, andere sofort rausgebracht. Eine Frau schrie, ihr Bein war gebrochen. Ich nahm ihre Arme, zog sie heraus und legte sie draußen auf die Gleise.«

So wie Dieter Rabsahl helfen viele Anwohner. Sie sehen Leichen, blutende, verzweifelte, schreiende Menschen, manchen sind Gliedmaßen abgerissen. Andere sind verwirrt. Einige Tote zermalmt. »Das sind Bilder, die ich mein Lebtag nicht vergessen werde.« Mit diesem Satz werden in den Berichten vom Unglücksort immer wieder Helfer zitiert.

Nach den Nachbarn treffen die Helfer aus der Umgebung ein. Es sind Mitglieder der freiwilligen Feuerwehren, des Technischen Hilfswerkes, des Roten Kreuzes und anderer Hilfsorganisationen. Es sind Polizeibeamte aus den umliegenden Orten. Auf die Grausamkeit und die Größe des Unglücks sind sie nicht vorbereitet. Sie sehen noch mehr zerfetzte Körper als die herbeigeeilten Nachbarn, denn sie müssen sich an die Bergung der Toten machen, die unter den Trümmern begraben sind. Diese Erlebnisse legen sich auf die Seele. Einige Helfer sind traumatisiert und benötigen eine psychosoziale Unterstützung. Bei anderen reicht es, wenn ihr Einsatz in den Medien erwähnt und sie gelobt werden.

Auch wenn es nicht eine originäre Aufgabe eines Ombudsmannes für die Opfer ist, muss er sich auch um die Helfer kümmern. Später bestätigt ihm der Trauma-Experte Professor Fischer: Viele Helfer leugnen lange, dass sie unter den Erlebnissen leiden. Dies gilt besonders für Mitarbeiter von Hilfsdiensten. Sie glauben, ihre Professionalität erlaube ihnen keine Schwäche. Oft zu spät suchen sie dann Unterstützung.

Mit Unterstützung der Bahn wird für die mehr als 1.000 hauptberuflichen und ehrenamtlichen Helfer eine eigene Unfallhilfe in Celle eingerichtet. Sie wird von der Psychologin Dr. Jutta Helmerichs geleitet und kümmert sich um die psychologische und psycho-soziale Hilfe. Bezahlt wird diese Unfallhilfe für ein Jahr aus Mitteln des Bundes, des Landes Niedersachsen und der Bahn.

Bei manchen Menschen reicht schon ein kleinerer Auslöser, um sie seelisch aus dem Gleichgewicht zu bringen. So wendet sich ein Mann aus einem Rettungsunternehmen an den Ombudsmann. Er hatte die Aufgabe, nach dem Unglück ein Fahrzeug mit Toten zu bewachen. Dabei spürte er den

Zwang, unter die Abdeckplane zu schauen. Er hob sie leicht an und glaubte zu sehen, wie sich plötzlich ein Körper bewegt. Schockiert rannte er davon, um einen Arzt zu suchen. Doch als der eintrifft, ist das Fahrzeug mit dem Körper schon fort. Vermutlich hatte es sich um eine Sinnestäuschung des Mannes gehandelt. Doch der will nicht daran glauben und fragt sich verzweifelt: »Hätte ich den Menschen retten können?« Seine Depression wird so stark, dass er einen Suizidversuch begeht. Der Ombudsmann darf diese Menschen, die neben den unmittelbaren Opfern vom Unglück betroffen sind, nicht vergessen.

Die wichtige Rolle der Helfer

1. Die Einsatzkräfte und freiwilligen Helfer leisten oft Übermenschliches und arbeiten bis an den Rand der Erschöpfung. Öffentliche Anerkennung derjenigen, die Hilfe geleistet haben, gibt Kraft und Ermutigung. Sowohl ein Ombudsmann als auch alle anderen Verantwortlichen sollten also – auch persönlich – den Helfern danken.
2. Psychosoziale Unterstützung anbieten. Wer als zufälliger Helfer an einen Unglücksort kommt, kann durch das Erlebte traumatisiert werden: Nachhallerinnerungen, Schlaflosigkeit, innere Unruhe sind die Symptome. Diesen Helfern sollte angeboten werden, psychosoziale Unterstützung wahrzunehmen.
3. Großschadensfälle sind oft besonders grausam. Die Hilfskräfte von Polizei, Feuerwehr und Rettungsdiensten sehen Dutzende von meist verstümmelten Leichen, darunter oft viele Kinder. Auch Professionalität schützt nicht davor, dass diese Geschehnisse sich traumatisch einprägen. Das Angebot der psychosozialen Betreuung sollte deshalb nicht auf Ersthelfer beschränkt werden.

8. Kapitel:
Spenden

Die Spendenbereitschaft der Bevölkerung ist groß. Als die Bilder des Unglücks auf allen Fernsehkanälen zu sehen sind und die Berichte in allen Zeitungen stehen, spenden tausende von Menschen spontan Geld für die Opfer. Niemand hatte dazu aufgerufen – trotzdem kommen rund 800.000 Mark zusammen. Die Spenden kommen von verschiedenen Seiten: Viele Menschen schicken einfach einen Scheck an die Bahn. Kinder und Jugendliche spenden ihr Taschengeld. Auch Firmen überweisen Geld. Besonders spendenbereit zeigen sich Mitarbeiter der Bahn. Sie sind von dem Ereignis schockiert und fühlen eine große Betroffenheit. Die Mitarbeiter des DB Cargo Werkes in Zwickau zum Beispiel bekommen rund 100.000 Mark zusammen: Sie spenden ihr tarifliches Zusatzentgelt.

In einem Fall ist der Ombudsmann enttäuscht. Eine Firma überreicht einen Scheck über 5.000 Mark an den Ombudsmann. In der Lokalzeitung erscheint sogar ein Bericht mit Foto darüber. Wenige Monate später meldet sich der Geschäftsführer. Er habe gerade erfahren, dass der Ombudsmann keine Spendenquittungen ausstellen könne, da er keinen anerkannten gemeinnützigen Verein vertritt. Unter diesen Umständen wolle man das gespendete Geld zurück – diesmal natürlich ohne Lokalzeitung und öffentliche Präsentation.

Der Ombudsmann kann die Spenden selbstverständlich nicht für Entschädigungszahlungen verwenden, auch wenn ihm dies später von der Interessengemeinschaft vorgeworfen worden ist. Vielmehr zahlt er damit Hilfe bis zu 20.000

Mark in Sonderfällen und zwar zunächst an Familien, die besonders stark betroffen sind. Die Helfer werden ebenfalls nicht vergessen.

Ein Beispiel: Gleich nach dem Unglück melden sich Hotels und Pensionen aus ganz Deutschland, die Betroffenen Unterkunft für einige Urlaubstage anbieten. Insgesamt werden rund 300 Übernachtungen gespendet. Die Verletzten sind aber häufig noch in den Krankenhäusern oder Rehabilitationseinrichtungen, die Hinterbliebenen haben vorerst andere Sorgen als Urlaub zu machen. Einige Opfer nehmen später das Angebot wahr, fast alle Urlaubsspenden können so genutzt werden. Der Ombudsmann und auch die Koordinierungsstelle in Celle bieten Unfallhelfern von Eschede, abgestimmt mit den Spendern, an, sich von den Geschehnisse bei einem Urlaub zu erholen. Viele nehmen das Angebot an. Aus dem Spendentopf erhalten sie ein kleines Taschengeld für die Urlaubszeit. Da es jedoch vielfach Familien mit Kinder sind, stockt der Ombudsmann mit Spendengeldern den Etat zusätzlich auf.

Trotz der vielen Hilfen, die mit dem Spendengeld möglich gemacht werden, steht nach dem ersten dreiviertel Jahr noch Geld zur Verfügung. Der Ombudsmann kann das Geld aber nicht horten oder für kommende Unglücke zurücklegen. Die Spenden sind schließlich zweckbestimmt. Deshalb entschließt er sich im April 1999, jedem Verletzten und den Hinterbliebenen für jedes Opfer jeweils pauschal 2.000 Mark auszuzahlen.

9. Kapitel:
Zusammenarbeit mit der Bahn

Für die Betroffenen ist es wichtig, dass der Ombudsmann gut mit der Bahn zusammenarbeitet. Es muss ihm gelingen, so weit wie möglich dafür zu sorgen, dass das Unternehmen und die Opfer zu einem Ausgleich kommen. Eines sollte ihm klar sein: Wenn er irgendwann feststellt, dass er diese Aufgabe nicht mehr erledigen kann, weil eine Seite sich zu stur stellt, muss er aufgeben. Krasney kommt jedoch nie in diese Situation. Ihm ist es stets möglich, einen Kompromiss zwischen den Anliegen der Betroffenen und denen des Bahn-Vorstandes zu treffen. Meistens erreicht der Ombudsmann günstige Lösungen für die Opfer. Der Bahn-Vorstand hält dabei sein Wort.

Bahnchef Ludewig besucht in der Anfangsphase Verletzte und Hinterbliebene persönlich. Der Gesamtvorstand billigt später Vereinbarungen, die zwischen dem Vorstandsvorsitzenden und dem Ombudsmann ausgearbeitet werden. Hartmut Mehdorn, der Nachfolger Ludewigs, handelt im gleichen Sinne. So kann der Ombudsmann durch Intervention beim Vorstandschef im Einzelfall wesentlich günstigere Regelungen für einzelne Betroffene erreichen.

Die Bahn lernt aus dieser Katastrophe, dass es bei Großunglücken in jedem Fall sinnvoll ist, künftig einen unabhängigen Ombudsmann zu berufen – im Interesse aller Betroffenen und Beteiligten.

10. Kapitel:
Das Unglück von Brühl

Am 6. Februar 2000 ist Otto Ernst Krasney gerade auf einer Geburtstagsfeier. Dem Jubilar wurde eine Festschrift überreicht. Krasney hat einen Beitrag geschrieben zum Thema »Ein Ombudsmann für die Opfer von Massenunfällen im grenzüberschreitenden Verkehr«. Da erfährt er: In Brühl bei Köln ist ein D-Zug der Deutschen Bahn an einer Weiche entgleist, die Bahnhofsböschung hinabgestürzt und durch die Vorgärten der anliegenden Häuser in ein Wohnhaus gerast. Acht Menschen sterben bei dem Unglück, 150 werden zum Teil schwer verletzt. Ein schwer Verletzter stirbt vier Wochen nach dem Unglück. Viele der Opfer kommen aus dem Ausland, da der Nachtexpress von Amsterdam nach Basel unterwegs war.

Nur eine halbe Stunde später ruft ein Vertreter der Bahn bei Krasney an. »Herr Professor Krasney, sind sie bereit, ihre Tätigkeit als Ombudsmann auch auf das Unglück von Brühl auszuweiten?«, fragt er. Krasney überlegt nicht lange. »Ja, ich bleibe in der Pflicht. Außerdem kann ich die Erfahrung von Eschede jetzt verwenden«, antwortet er.

Bereits am folgenden Tag besucht der Ombudsmann die ersten Opfer im Krankenhaus. Wie schon nach Eschede, kann er aus seinem Fonds Soforthilfe anbieten. Er merkt sofort: Je früher der Ombudsmann seine Arbeit aufnehmen und sich um die Opfer kümmern kann, desto besser ist es. Denn viele wichtige Entscheidungen fallen in den ersten Stunden und die Eindrücke der ersten Tage bestimmen, wie ein Opfer die gesamte Situation bewertet.

Der Ombudsmann erlebt in Brühl, dass Menschen aus

unterschiedlichen Kulturen auch unterschiedlich auf solche Unglücksfälle reagieren. Der Ombudsmann bietet beispielsweise einem Algerier, der in Brühl schwer verletzt wurde, eine Rehabilitation an. »Nein, das will ich nicht«, antwortet der Mann. »Allah hat mir das Leben gegeben. Allah hat mich geprüft. Er wird für mich sorgen. Inschallah.«

Die Tatsache, dass viele Opfer Ausländer sind, bereitet eine Reihe von Problemen.

Zum einen sprechen viele Betroffene kein Deutsch. Ein griechischer Geschäftsmann auf der Durchreise wird in einem deutschen Krankenhaus behandelt. Zur Vorbereitung wird ein Elektrokardiogramm (EKG) gemacht. Gerade als der Ombudsmann bei ihm ist, kommt die Schwester zu ihm, um ihn zum EEG, der Gehirnstrommessung, abzuholen. Der Grieche versteht den Unterschied zwischen EKG und EEG nicht, glaubt deshalb, man habe Herzschäden festgestellt und müsse ihn deshalb erneut am Herzen untersuchen. Er ist sehr erschrocken. Ombudsmann und Schwester können ihn jedoch beruhigen.

Später hat er eine Hirnoperation hinter sich. Sein Kopf ist übernatürlich angeschwollen. Seine Frau fliegt aus Griechenland ein und will ihn im Krankenhaus besuchen. Da sie weder Deutsch noch Englisch spricht, können die Ärzte sie nicht auf den Zustand ihres Mannes hinweisen – und ihr auch nicht erzählen, dass die Schwellung abklingen wird. Als die Frau das Krankenzimmer ihres Mannes betritt, weicht sie erschrocken zurück und bricht zusammen.

Die psychologische Betreuung von Ausländern, die kein oder nur schlechtes Deutsch sprechen, ist nicht einfach. Lange müssen Krasney und sein Team suchen, bis sie Dolmetscher finden, die für die Übersetzung einer solchen Behandlung geeignet sind.

Hinzu kommt in Einzelfällen, dass der Verletzte einen selbst dem Dolmetscher schwer verständlichen Dialekt spricht. Schwierigkeiten bei der Verständigung wirken sich bei einer psychologischen Behandlung und Betreuung besonders nachteilig aus.

In Brühl ist relativ bald klar, dass den Lokführer des Unglückszugs eine Mitschuld trifft. Er hat ein Signal nicht beachtet. Dies ist anders als in Eschede, wo sich eine direkte Verantwortung und ein Verschulden nicht feststellen lässt. Bei den Opfern und Hinterbliebenen aber ist die Haltung genau umgekehrt: Für das Unglück von Eschede halten viele Verletzte und Hinterbliebene die Bahn für verantwortlich. In Brühl aber sagen selbst schwer Verletzte: »Denken Sie auch an den Lokführer – er braucht auch Hilfe!« Sie gehen davon aus, dass hier ein »einfacher Mensch« versagt hat – so wie es jedem vor allem im Straßenverkehr passieren kann.

Auch die Öffentlichkeit ist von dem Unglück in Brühl weit weniger betroffen als bei Eschede. Als Ursachen vermutet der Ombudsmann: Zum einen gibt es weniger Todesopfer und das Bild, das sich am Unfallort zeigt, ist nicht so furchtbar wie in Eschede.

11. Kapitel:
Die Bilanz

Der Ombudsmann und sein Team konnten nach den Zugunglücken in Eschede und Brühl wesentlich dazu beitragen, den Hinterbliebenen und Verletzten unmittelbar nach dem Unglück erste Hilfen zu geben. Sie leiteten psychologische Hilfen und psycho-soziale Nachbetreuung ein. Allerdings ist bei Zugunglücken vor allem im Fernverkehr zu beachten, dass wegen der regelmäßig sehr weit verstreut liegenden Wohnorte der Betroffenen nicht alle Maßnahmen (zum Beispiel betreute Gruppen) für alle Unfallopfer möglich sind.

Dem Ombudsmann ist es gelungen, für die Betroffenen materielle Entschädigungen auf der nach dem Gesetz günstigsten Rechtslage (Entschädigung wie bei Verschulden) mit der Bahn zu vereinbaren.

Bei den Schmerzensgeldansprüchen der Hinterbliebenen konnte erreicht werden, dass der hierfür erforderliche psycho-pathologische Zustand ohne ärztliche Gutachten unterstellt wurde. Es wurde ein Schmerzensgeld gezahlt, das die sonst übliche Summe weit überstieg.

In der ersten Zeit nach dem Unglück passierten auch Pannen. Aber: Eschede war ein in der Geschichte der Deutschen Bahn einmalig großes Unglück – und zum ersten Mal wurde ein Ombudsmann eingesetzt. Er musste herausfinden, wie die Arbeit am besten zu organisieren ist, wie er die Verhandlungen am erfolgreichsten führen, wie er seine Aufgabe am sinnvollsten erfüllen konnte. Die Erfahrungen wurden schon in Brühl genutzt.

Nach allem ist es gerechtfertigt, jedenfalls bei größeren Unglücksfällen mit einer größeren Zahl von Opfern, einen

Ombudsmann zu bestellen. Er sollte allerdings nicht nur als Vermittler hinsichtlich der materiellen Entschädigungen eingesetzt werden, sondern eigenständige Aufgaben mit eigenen Mitteln für die Hilfe nach dem Unglücksfall und für die psychologische Betreuung und die psycho-soziale Nachbetreuung erfüllen. Die Bestellung eines Ombudsmannes sollte vor allem auch dort überlegt werden, wo es im Hinblick auf die Unternehmenstätigkeit zu entsprechenden Unglücksfällen kommen kann. Hier kann der Ombudsmann dann seine Erfahrungen dafür einsetzen, eine Nachfolgerin oder einen Nachfolger auf dieses Amt vorzubereiten.

Danksagung

Der Autor möchte all jenen Personen danken, die ihm bei der Recherche und beim Verfassen dieses Buches unterstützt haben. Vor allem natürlich Prof. Dr. Krasney selbst, der in mehreren ausführlichen Interviews Auskunft erteilt hat. Frau Renate Krasney danke ich für die dabei genossene Gastfreundschaft.

Zur Arbeit an dem Buch angeregt und dabei unterstützt hat mich Prof. Dr. Christoph Fasel, der Beratende Gesellschafter der WortFreunde Kommunikation GmbH.

Werner W. Klingberg, Eugenie Kretschmer, Gerd Wiemann und Sabine Groeben von der Bahn haben mir mit ihren Auskünften sehr geholfen, ebenso wie Prof. Dr. Gottfried Fischer aus Köln.

Meinen Kollegen Oliver Bayer, Christine Kuchar und Martina Seefeld verdanke ich ebenfalls wertvolle Unterstützung.

Ich danke auch Dr. Rüdiger Salat von der Verlagsgruppe Holtzbrinck sowie Michael Justus und Frank Katzenmayer vom Verlag Schäffer-Poeschel.

Namen- und Stichwortregister